INHALT

Nicht nur zu Weihnachten

Gut, dass es euch gibt

Vorwort

Nach den „Notizen eines Vaters" liegt nun mein zweites Buch vor: „Eine Familie voll Leben".

Es ist wiederum eine Auswahl aus den Sonntagskolumnen in der Kleinen Zeitung. 58 Abenteuer eines Vaters – Geschichten, wie sie das Leben schreibt.

Oft schon habe ich den Satz gehört: „Wir haben zwar nur zwei Kinder, aber bei uns ist es genau so, wie Sie erzählen." Andere meinen lakonisch: „Wissen'S, warum ich Ihre Geschichten gerne lese? Sie schreiben so normal."

Wir leben in einer Zeit, in der in den Medien die Familie meist nur für negative Schlagzeilen gut ist und als rückständiges Auslaufmodell des Zusammenlebens abqualifiziert wird.

In diesem kleinen Buch soll die Rede sein von den Freuden, dem Spaß, aber auch den heiteren Pannen, die das Leben mit Kindern mit sich bringen kann.

Ich freue mich, dass Sie meine ganz persönlichen und zugleich doch alltäglichen Geschichten lesen.

Danke!

Gottfried Hofmann – Wellenhof

Nur ein Mal ein Held sein

GRINGOS, AUFGEPASST!

Neulich saßen Astrid und ich beim Abendessen. Die Kinder waren nicht im Haus, also war es wunderbar ruhig. Nur hin und wieder war das Kreischen eines Fliesenschneiders zu hören, den ein Nachbar schon den ganzen Nachmittag lang in Händen hielt. Aber irgendwie hatten wir uns an das schrille Geräusch bereits gewöhnt.

In einer Sägepause ertönte plötzlich unsere Hausglocke. Nicht einmal, sondern viele Male hintereinander. So läutet nur Anna, dachte ich; aber die war bei einer Cousine eingeladen. Wer konnte es sein?

Ich sah aus dem Fenster im ersten Stock. Vor der Gartentür standen vier Burschen im Alter zwischen 18 und 22 Jahren. Sie waren sehr aufgebracht. „Kommen S' runter, wir müssen mit Ihna reden." Die Stimme des Anführers war rau. Ich ging in meinen mit Lammfell gefütterten Hauspatschen hinunter. Mein harmloses Aussehen schien seine Aggressivität zu verdoppeln. „Oida, host du mein Voda z'sammgschlog'n?" „Ihren Vater kenne ich nicht", antwortete ich wahrheitsgemäß, außerdem könne man doch so viel Menschenkenntnis erwarten, dass ich – in meinen mit Lammfell gefütterten Hauspatschen – nicht wie ein Schläger aussehe. Von Psychologie hielten die Burschen nichts. „Pass auf, Oida, wenn du unsern Voda was taun host, daun bist draun."

Inzwischen hatte einer der Vier einen etwa 60-jährigen, schwer alkoholisierten Mann herbeigeschafft. Beide bauten sich knapp vor mir auf, der 60-Jährige stark schwankend.

„Is as (= Ist er es)?" Erstmals wurde mir die Bedrohlichkeit meiner Lage bewusst: Die Unversehrtheit meiner Zahnkiefer hing

von der Aussage eines stark illuminierten, mir gänzlich Fremden ab. „Na, der wors net."

Ich war sehr erleichtert. Den fremden Gringos schien es nicht anders zu gehen. Der Vater umarmte mich zum Abschied, und auch die eben noch furchtbar grimmigen Söhne streckten mir ihre Hände hin: „Entschuldigung, tut uns Leid."

Sie machten sich davon in kleinen, schlurfenden Schritten, als hätten sie lammfellgefütterte Hauspatschen an …

Kurz darauf kamen meine Söhne nach Hause. Als ich ihnen mein kleines Abenteuer erzählte, meinte Dominik: „Zu dumm, dass wir zu spät kommen. Endlich hätten wir einmal fetzen können. Wozu trainiere ich denn dauernd in der Kraftkammer?"

Ich war – wie Sie sich denken können – froh, dass es nicht zu einer derartigen Kraftprobe gekommen ist. Aber irgendwie bin ich stolz, dass auch ich Söhne habe, die ihren Vater verteidigen. Wenn es sein muss, sogar mit den Fäusten. Also, Gringos, aufgepasst!

MUSTER, POLSTER UND ICH

Früher einmal, als meine Kinder noch klein waren, glaubten sie bedingungslos an die väterliche Allmacht. Für meine Buben war ich die Nummer Eins im Tennis („Den Muster besiegst du leicht!") und im Fußball Torschützenkönig auf Lebenszeit („Papa, diese Chance vom Toni Polster hättest du nie vergeben!").

Inzwischen sind einige Jahre ins Land gezogen. Thomas Musters Hüften sind rund geworden und Toni Polsters Haare grau. Beide sind in der verdienten Sportrente. Auch an mir sind, leider, die Jahre nicht spurlos vorübergegangen. Das Kreuz tut weh und der linke Meniskus und die rechte Hüfte.

Immer öfter schütze ich Termine vor, wenn meine Söhne mich zu einem Tennismatch herausfordern. Und nur selten mehr mache ich mit ihnen ein Fußballmatcherl: Sie behandeln mich

freundlich, passen mir den Ball zu, lassen mich auch ab und zu schießen. Vor allem jedoch schauen sie darauf, dass sie mir nicht weh tun. Rührend sind ihre Versuche, mich aufzubauen: „Wenn du ein bisschen trainierst, bist du wieder der Alte!" Sie sagen es, um mir eine kleine Freude zu machen, aber sie glauben wohl nicht daran.

In sportlichen Belangen bin ich für meine Großen kein Vorbild mehr. Dafür in schulischen. Nicht die ausgezeichneten Zeugnisse meiner Frau sind für sie nachahmenswert, sondern meine schwachen mit vielen Vierern.

Mit großem Interesse verfolgen sie immer meine Geschichten von Streichen aus längst vergangenen Jugendjahren. Fassungslos hören sie mir zu, wenn ich – leicht übertreibend – von meiner Schulzeit erzähle, nur unterbrochen von dem staunenden Zwischenruf: „Das hast du dich wirklich getraut?" Wieder einmal bewahrheitet sich, dass Halunken mehr bewundert werden als Tugendhelden.

Manchmal stelle ich mir ein wenig bange die Frage, wann ich für meine Kinder nicht mehr wichtig bin. Erziehungswissenschaftler könnten mir zu Recht vorwerfen, dass ich mich nicht intensiv genug mit der Notwendigkeit des Loslassens auseinandersetze. Doch ich weiß sehr wohl, dass irgendwann einmal – viel schneller, als ich es erwarte – keine Kinder mehr im Haus sein werden. Dann werden sie selber, hoffentlich, ihre Familien haben und sich an die Zeit zurückerinnern, als sie noch klein waren.

Und vielleicht werden sie dann ihren Kindern erzählen, dass ihr Großvater einmal so gut Tennis gespielt hat wie Thomas Muster und gekickt wie Toni Polster. Aber meine Enkel werden halt nicht wissen, wer die beiden waren. Leider.

NUR EIN MAL EIN HELD SEIN

Manchmal denke ich mir: Ein Mal möchte ich ein Held sein. Nur ein Mal. Nichts wirklich Spektakuläres. Vielleicht eine kleine Katze von einem Baum holen. Oder im Restaurant auf die Frage des Obers „Hat's geschmeckt?" ein Mal „Nein" sagen. Oder nach einem kleinen Handgemenge einen (nicht allzu kräftigen) Taschendieb überwältigen und in den Kreis meiner jubelnden Familie zurückkehren. So einer wär' ich gerne.

Unlängst attackierte mich Astrid mitten in der Nacht mit ihrem linken Ellbogen. „Hast du nichts gehört?" Da ich nicht nachschauen gehen wollte – für Geräusche in der Nacht bin nämlich ich zuständig –, tat ich so, als hätte ich nichts gehört. Aber es bestand kein Zweifel: Irgendjemand schien hart mit einem schweren Hammer zu arbeiten.

„Ich höre nichts", sagte ich, drehte mich zur Seite und zog die Decke bis über die Ohren. „Da! Schon wieder! Da schlägt wer gegen unsere Haustür!" Astrid saß hellwach neben mir und schüttelte mich mit beiden Händen.

Also stand ich auf, taumelte ins Badezimmer und horchte. Da! Wieder! Zwei schwere Schläge – dann nichts mehr. „Es ist nichts", beruhigte ich Astrid und wollte mich gerade wieder ins Bett legen, als ein weiterer Schlag, härter als alle anderen, die Schlafzimmertür ein bisschen vibrieren ließ. Ich schlüpfte in meine neuen, mit Lammfell gefütterten Hausschuhe. „Was willst du machen?", fragte bange meine tapfere Frau. „Hinunter gehen!" Sie umarmte mich: „Pass auf dich auf!" Es war fast wie im Film.

Ich band mir den Gürtel meines blauen Bademantels fester, tastete mich im Dunkeln über die Stiege, lauschte. Da donnerte es wieder. Das Geräusch kam eindeutig von unten. In diesem Augenblick spürte ich ganz stark, dass ich eigentlich kein Held sein wollte. Ich war gar nicht mutig, sondern unentschlossen, ob ich nicht doch lieber die Polizei verständigen sollte. Auf Zehenspitzen schlich ich ins Kinderzimmer, von wo man zur Eingangstür sehen kann. Meine Söhne schlummerten friedlich und fest. So bekamen sie, leider, nichts mit von meiner Heldentat: Ganz sachte schob ich den Vorhang zur Seite und sah zur Tür. Nichts. Weit und breit war niemand zu sehen. Ich wartete. „Es war nichts", sagte ich zu Astrid. Aber die schlief bereits wieder. Anderntags sprach mich unser Nachbar, ein 100-Kilo-Hüne, an: „Haben Sie einen beneidenswerten Schlaf! Ich habe wie wild an Ihre Haustür getrommelt, weil das Licht an Ihrem Auto noch an war. Aber Sie haben nichts gehört." Ich erzählte ihm nichts von meinem nächtlichen Heldenstück, sondern bat ihn um sein Starterkabel.

DIE HAUT AUF DEM KAKAO

Vor ein paar Tagen kochte meine Frau eine köstliche Leberknödelsuppe: Antonia wollte nur die Suppe, aber keinen Knödel. Dominik keine Suppe, jedoch zwei Knödel. Benedikt nur einen halben, aber viel Schnittlauch. Nikolaus keinen Schnittlauch, dafür Karotten in der Suppe, Klemens keine Karotten, wohl aber Petersil. Jakob keine Karotten, keinen Schnittlauch, keine Knödel, keinen Petersil – also keine Leberknödelsuppe.

Ich kann mich nicht erinnern, dass meine Mutter seinerzeit irgendwelche Sonderwünsche berücksichtigt hätte. Im Gegenteil. Auch wenn ich ihr pantomimisch noch so eindringlich zu erkennen gegeben hatte, dass ich Spinat nur unter größter Willensanstrengung hinunterwürgen konnte, klatschte sie mir dennoch immer wieder – offenbar aus pädagogischen Gründen – einen kleinen Schöpfer davon auf den Teller. Wie auch von ihrer Paradeissuppe, in der furchtbar spitze Hautflankerln schwammen. Bei dem Gedanken daran läuft es mir heute noch kalt über den Rücken …

Ebenso wenig werde ich jene Nachmittagsjause vergessen, zu der ich in das stilvolle Haus des Dichters Franz Nabl eingeladen wurde. Die Gastgeberin, eine überaus agile und um Kinder rührend bemühte Dame, trug für mich gewaltig auf: selbst gebackene Kekse, Krapfen, Tortenstücke und eine hübsch bemalte bauchige Tasse mit dampfendem Kakao. Ein hastiger Blick genügte, um mir meine ausweglos scheinende Situation drastisch vor Augen zu führen: Die dunkel gefärbte Milch kräuselte sich tückisch an ihrer Oberfläche. Der ansonsten probate Rettungsversuch, durch hektisches Umrühren eine Hautbildung zu verhindern, konnte nicht mehr in Betracht gezogen werden. Wie

paralysiert musste ich mit ansehen, wie die dünne Hautschicht zusehends dicker wurde und der Kakao, wie von einer gallertartigen Membran umschlossen, drohend vor mir stand.

Niemals hätte ich die Tasse zum Mund führen können – da half mir eine glückliche Fügung des Schicksals: Die Hausfrau verschwand für einen Augenblick in der Küche. Blitzschnell hob ich mit spitzen Fingern die Haut ab, um sie mit gezieltem Schwunge unter das mit einem hübschen Blumenmuster tapezierte Biedermeiersofa zu klatschen. Ein Gefühl grenzenloser Erleichterung durchströmte mich.

Eingedenk dieser Geschichte sehe ich meinen Kindern nach, wenn sie heikel sind. Und ich bitte um Entschuldigung für sie, wenn sie als Gäste den Kakao stehen lassen. Denn ich denke, Sie geben mir Recht: Besser die Haut in der Tasse als unter der Sitzbank!

Ich muss auch nach Etmissl

In unserer unmittelbaren Nachbarschaft wohnt ein Ärzte-
ehepaar mit zwei Kindern, die im Alter meiner beiden Jüngsten
sind. Eines Sommers freundeten sich die Kleinen an, sodass sie
wechselweise ganze Nachmittage in dem einen oder anderen
Haus zubrachten; auch wir Eltern begannen immer zwangloser
die fremde Liegenschaft zu betreten, um nach einem verschollenen Kind zu suchen. Auf diese Weise kam es also zu einer
ersten Kontaktaufnahme und eines Sonntags zu einem Mittagessen bei uns. Ich servierte mein Standardmenü: Wienerschnitzel mit Reis und Salat.
Obwohl mein Mahl jegliche Originalität vermissen ließ, fand
es bei den Gästen freundliche Zustimmung. Wenig später
folgte die Gegeneinladung. Schon das Besteck, nahezu in

Dutzendstärke aufgelegt, signalisierte mir, dass uns ein Dinner in vielen Gängen bevorstand.

Was der großzügige Hausherr jedoch dann drei Stunden lang auf- und abtrug, überstieg all unsere Erwartungen. Schnell stellte sich heraus, dass er ein begeisterter, ja begnadeter Hobbykoch war. Er hatte bereits sieben Kurse beim „Hubinger", einem 2-Hauben-Wirt in Etmißl, absolviert und sich für den achten („Festtagsmenüs") bereits angemeldet. Meine Komplimente tat er lässig ab; die Vorbereitungen für dieses Essen seien im Vergleich etwa zum letztjährigen Neujahrsmenü geradezu lächerlich gering gewesen.

Damals hatte er sich gemeinsam mit seinem Schwager, einem ebenfalls fanatischen Küchenmeister und Absolventen zahlreicher Etmißler Gourmetseminare, in eine wahre Kochorgie gesteigert: Für die 14 Gänge benötigten die Festgäste, von denen einige gegen Ende hin doch ein wenig mitgenommen waren, mehr als sieben Stunden. Seit damals liefern sich die beiden regelrechte Kochduelle: Jeder versucht den anderen mit einer weiteren Spezialität zu übertrumpfen, sodass auch an ganz normalen Sonntagen raffinierte Speisefolgen in zweistelliger Zahl gereicht werden.

Während ich von den selbst gemachten Tagliatelle mit weißen Trüffeln kostete, musste ich an meine Wienerschnitzel denken. Wie froh war ich, dass ich gewissermaßen mit einem Heimspiel begonnen und damals noch nicht gewusst hatte, was mich auswärts erwarten würde.

Aber nun bin ich wieder an der Reihe. Ich habe lange hin und her überlegt, wie ich mich mit Anstand aus der Affäre ziehen könnte. Ich fürchte, es gibt keinen anderen Weg: Ich muss auch nach Etmißl.

ALS ICH ANDY WARHOL WAR

Unmittelbar nach der Geburt unseres ersten Sohnes kaufte ich eine grellgelbe, spritzfeste Filmkamera. Sie lag gut in der Hand, war aber ziemlich schwer. Ich hatte viel Freude mit ihr und filmte unseren Erstgeborenen viele Stunden lang: Wie er zur Hutsche ging, diese bestieg, vielleicht mehr als 20 Minuten auf ihr verweilte, diese wieder verließ. Andy Warhol ähnlich, dem revolutionären Pop-Art-Künstler der 70er, fing ich das recht unspektakuläre Geschehen ein, ohne auch nur einmal auf die Stopptaste zu drücken. Mitunter kam es vor, dass mein Sohn nicht im Bild war, nämlich dann, wenn mir die Hand müde wurde und ich mit der Kamera nach unten schwenkte und Rasen und Buschwerk einfing.

Astrid wollte mit der Zeit meine kleinen Kunstwerke nicht mehr so gerne anschauen, vielleicht auch deshalb, weil ich in meiner Spätphase immer öfter gänzlich fremde Menschen filmte. Sie hatte nach wie vor ausschließlich Interesse an unserem Nachwuchs und nicht an einem Museumswärter im Naturhistorischen Museum, den ich ziemlich lange in seinem beinahe regungslosen Dasein aus verschiedenen Perspektiven aufnahm. Ebenso hatte ich die Liebe zum Detail entdeckt, und so war oft nur eine Hand mit einem Saftflascherl zu sehen, in Großaufnahme.

In meiner „Film-noir-Epoche" zeigte ich das Leben mit den lieben Kleinen schonungslos realistisch: Kinder in der Nase bohrend, streitend, schreiend. Diese Kassetten haben lediglich dokumentarischen Wert und wurden niemals im Kreise lieber Verwandter abgespielt.

Als unser dritter Sohn zur Welt kam, begann meine Begeiste-

rung für das Filmen stark nachzulassen. Unsere erste Tochter war nur ganz kurz im Bild, die restlichen vier Kinder leider gar nicht, da ich meine cineastische Karriere für beendet erklärte.

Eine Zeit lang hatten unsere Buben meine grellgelbe, spritzfeste Kamera in Verwendung. Sie drehten vorwiegend Catch- und Westernfilme, die nahezu ausschließlich aus Kampfszenen und bruchstückhaft gebrüllten Dialogfetzen bestanden – im Vergleich zu meinen poetisch erzählten Kunstwerken leider nur billige „B-Pictures".

Seit längerem liegt der Apparat nun unberührt in einer großen Schachtel – zusammen mit Dutzenden unbeschrifteten Kassetten. Wenn freilich einmal alle Kinder außer Haus sein werden, werden meine Frau und ich die Zeit zurückdrehen wollen und uns wehmütig die alten Filme reinziehen: „Schau nur, wie klein und entzückend sie waren." Und der Museumswärter wird dann auch schon in Pension sein.

Mein eigenes Biotop

Ich stelle keine allzu hohen persönlichen Ansprüche an das Leben. Seit ich eine eigene Familie habe, habe ich auf so manche Annehmlichkeit zu verzichten gelernt: etwa auf die Möglichkeit, Sonntag morgens im Bett in Ruhe ein Buch zu lesen („Papa, erzählst du mir eine Bärengeschichte?") oder abends mit meiner Frau bei einem Glas Wein zu sitzen („Papa, ich habe vergessen, dass ich morgen ein Deutschreferat habe. Kannst du mir schnell helfen?").

Andererseits: Die Jahre, in denen unsere Kinder mich brauchen, sind schließlich in absehbarer Zeit vorbei. Dann werde ich wieder Zeit und Ruhe für mich haben.

Wahrscheinlich mehr, als mir lieb ist ...

Immer wieder wird mir von freundlichen Mitmenschen versichert, dass es für sie unvorstellbar sei, mit so vielen Kindern

unter einem Dach zu leben. Vor allem das gemeinsame Erwachen und die morgendliche Toilette von sieben Schulkindern, die zur gleichen Zeit aus dem Haus müssen, lassen Raum für ausgefallene Fantasien.

Ich muss vorausschicken, dass es bis vor sieben Jahren zwei Nasszellen in unserer Immobilie gab. Auch wenn meine Söhne nicht zu jenen Knaben gehören, die stundenlang unter der Dusche allerlei Tinkturen auf ihre kraftstrotzenden Jünglingskörper applizieren und anschließend endlos mit Föhn, Rundbürste und Haargel vor dem Spiegel stehen, ist das Badezimmer dennoch das Nadelöhr unseres Hauses.

Eine zusätzliche Verschärfung wird erreicht durch die gemeinsame Leidenschaft meiner Buben, Tageszeitungen und Sportmagazine in unserem zentralen und daher für die Kleineren reservierten „blauen Klo" zu lesen. Dies scheint der einzige Ort zu sein, der genügend Abgeschiedenheit und Intimsphäre bietet, um so delikate Informationen zu verinnerlichen wie etwa die Tabelle der zweiten Division der deutschen Bundeliga.

Um also potenziellen Rangordnungskämpfen aus dem Weg zu gehen, habe ich mir anlässlich meines 45. Geburtstages eine Nasszelle in einem bislang nicht genützten Winkel unseres Kellers gewünscht, deren Benützung ausschließlich dem Vater vorbehalten ist.

Der mit den Arbeiten betraute Installateur murrte zwar ein wenig über die ungewohnten Bedingungen des engen Schlurfes, hatte aber auch für meine Lage durchaus Verständnis.

Seitdem habe ich in unserem Familienbiotop eine eigene Nische für mich allein. Und wenn es in den oberen Stockwerken allzu bunt hergeht, klemme ich mir heimlich die Zeitung unter den Arm und steige in den Keller, „Toilette machen".

„SCHIRI, SIEHST DU NICHTS?"

Ein Mann mittleren Alters steht hart an der Seitenlinie eines Fußballplatzes und ist sehr aufgeregt. Obwohl außer ihm nur noch weitere sieben Zuschauer da sind, scheint es ein ganz wichtiges Match zu sein.

„Wirst sehen, heute verlieren wir", wendet er sich an seine Frau, die still neben ihm steht. „Ich bitt' dich, verschrei's nicht", wirft diese zaghaft ein. „Warum wärmt er sich nicht ordentlich auf? Wie oft habe ich ihm schon gesagt, er soll sich besser aufwärmen!" Der Vater gibt seinem Sohn noch letzte Tipps, dann beginnt das Spiel.

„Die sind körperlich viel stärker, gegen die haben wir nie eine Chance", wendet er sich wiederum an seine Frau, die schweigt, aber mimisch zu erkennen gibt, dass ihr diese Art der Unterhaltung durchaus nicht fremd ist.

„Ein Wahnsinn, wie die hineinsteigen. Schiri, siehst du nix?", brüllt er plötzlich, so dass seine Frau leicht zusammenzuckt. Als der Referee ein Foul an seinem Sohn nicht ahndet, wendet sich der Vater an fünf vor ihm sitzende, offenbar mitgereiste Fans der gegnerischen Mannschaft. „Was habt's denn dem Schiri zahlt, dass er nur für euch pfeift?" Ein stämmiger Glatzkopf gibt ihm eine ziemlich derbe Antwort. In diesem Augenblick fällt das 1:0 – und der Mann seiner Frau jubelnd um den Hals. Dennoch beruhigt ihn der knappe Vorsprung nicht wirklich. „So einen schlechten Schiedsrichter haben wir noch nie gehabt", belehrt er, das Thema leitmotivisch wieder aufnehmend, seine Frau. „Wirst sehen, der gibt noch einen Elfer gegen uns."

Nachdem sein Sohn eine große Chance vergeben hat, klam-

mert er sich schwankend am Geländer fest. „Ich bitt dich, reg dich doch nicht so auf", macht sich seine Frau berechtigt Sorgen um ihn.

Plötzlich fällt aus einem Konter das 1:1. „Abseits!", brüllt der Mann außer sich. „Das war fünf Meter abseits. Schiri, du ..." Es folgt ein nicht druckreifes Schimpfwort, sodass sich seine Frau veranlasst fühlt, einige Meter von ihm abzurücken. Sie will während des Spiels augenscheinlich nichts mehr mit ihm zu tun haben.

Der Mann wendet sich fortan an einen Herrn rechts neben ihm, mit dem er sich auf Anhieb versteht – vor allem was ihre Einschätzung des Unparteiischen betrifft. Der Vater vergisst in seinem unvermittelt stark anhaltenden Ärger beinahe, dass die Mannschaft seines Sohnes mittlerweile klar in Führung liegt.

Übrigens: Das Match ESK U 16 gegen Birkfeld U 16 endete 5:1. Und der Vater war ich.

Kleine
Hundegeschichten

DIE SCHWARZ-WEISSE DOGGE

Unlängst erklärte mir meine jüngste Tochter Sophie (4): „Ich möchte einen Hund haben." Ihre Stimme klang fest und überzeugend. „Welchen hättest du denn gerne?", fragte ich vorsichtig, lauernd. „Einen richtig riesigen, auf dem man auch reiten kann." Ihr Wunsch überraschte mich nicht, wollten doch alle meine Kinder irgendwann einmal einen Hund, und zwar einen ganz großen. Im Grunde ist dagegen auch schwer etwas einzuwenden. Schließlich haben alle Freunde einen – nur wir nicht. (Übrigens: Alle dürfen mit dem Moped fahren. Alle spielen täglich mit ihrem Computer. Alle schauen sich den Nachtfilm an. Usw. usw.)

Aber es gibt da ein Problem: Ich mag große Hunde nicht. Oder richtiger: Ich habe Angst vor ihnen.

Es fing damit an, dass ich auf meinem Schulweg an einem klei-

nen Schloss vorbeigehen musste. Jeden Tag stand hinter dem schmiedeeisernen Tor eine Dogge. Sie war schwarz-weiß gefleckt und groß wie ein Kalb. Sie bellte nicht, sprang nicht an den Gitterstäben hoch. Sie schien auf mich zu warten, regungslos, und beobachtete aus schläfrigen Augen, wie ich näher kam. Auch wenn ich wusste, dass sie mir nichts tun konnte, war ich immer sehr froh, wenn ich die Stelle passiert hatte.

Einmal, ich mochte elf Jahre alt gewesen sein, las ich in der Zeitung, dass ein kleiner Bub in Oberösterreich auf seinem Schulweg von zwei Doggen angefallen und regelrecht zerfleischt worden war. Von nun an wurde alles noch schlimmer. Ich malte mir in schrecklichen Bildern aus, wie die Dogge vom „Schlössl" mir mit langen Sprüngen nachhetzte, mich zu Boden warf und zubiss. Aber – Gott sei Dank – nichts davon geschah: Sie stand weiterhin da und wartete – bis einmal das Entsetzliche eintrat. Plötzlich stand sie nicht hinter, sondern vor dem hohen Tor.

Ich sah sie schon von weitem. Sie kam nicht auf mich zu, sie schien keine Eile zu haben, sondern wartete wie immer. „Jetzt ist alles aus", dachte ich. Weglaufen, das wusste ich, hätte den Jagdinstinkt des Hundes nur angestachelt. Stehen bleiben möglicherweise seine Neugier geweckt. Also ging ich in winzigkleinen Schritten weiter.

Es waren die längsten Meter meines Lebens. Da geschah das Unerwartete: Die Dogge trottete, wie von Geisterhand gelenkt, durch das offene Tor zurück in den Garten.

Auch wenn dieses Erlebnis mehr als 40 Jahre zurückliegt und ich niemals ernsthaft von irgendwelchen Vierbeinern gebissen worden bin, so ist doch eines geblieben: die Angst vor großen Hunden.

EIN FREUND NAMENS BRUNO

Neulich erhielt ich einen Anruf von einer reizenden alten Dame: „Kommen Sie mich doch besuchen, ich will Sie von Ihrer Phobie vor großen Hunden heilen." Ich hatte einmal geschrieben, dass ich mich schrecklich vor Doggen fürchte. Wir vereinbarten ein Treffen. Ich zog mir mein neues Leinensakko an und die graue Hose, die ich gerade von der Putzerei abgeholt hatte. Einen kleinen Frühlingsblumenstrauß hielt ich in der Hand, als ich an der Tür klingelte. Sie ging auf und plötzlich wurde es ganz dunkel um mich. Eine riesige schwarze Dogge stand auf ihren Hinterbeinen, mit den Vorderpfoten stützte sie sich auf meinen Schulterblättern ab. Ich drohte unter der Last des prächtigen Tieres einzuknicken, versuchte mich an einem Garderobehaken festzuhalten, taumelte gegen einen Gummibaum, riss diesen um und schlug auf dem Boden auf.

Glücklicherweise dämpfte ein dicker Perserteppich die Wucht meines Sturzes. „Er ist ganz lieb. Er tut nichts. Er will nur spielen." Ich konnte nicht sehen, woher die Stimme kam. Denn über mir lag eine schwarze Dogge, die mir mit einer Zunge, so groß wie ein Tischtennisschläger, zärtlich über das Gesicht leckte.

Ich versuchte meine Wangen mit dem kleinen Frühlingsblumenstrauß zu schützen. Es gibt nämlich kaum etwas, was ich weniger mag, als von einem Hund abgeschleckt zu werden – ganz unabhängig von der Größe seiner Zunge.

Als ich schließlich wieder auf die Beine kam, hatte ich keine Blumen mehr in meiner Hand. Ich stand vor einer kleinen Frau, die mir gerade bis zum Kinn reichte. „Das macht er nicht immer, der Bruno, dass er einen Fremden so leidenschaftlich be-

grüßt. Sie müssen ihm auf Anhieb sehr sympathisch gewesen sein."

Es wurde noch ein sehr netter Nachmittag. Bei Kuchen und Kaffee gab mir die liebenswürdige Gastgeberin viele wertvolle Tipps, wie man sich großen Hunden gegenüber verhalten soll. Nur eines störte mich ein bisschen: Die schwarze Dogge lag auf meinem rechten Schuh. Ganz ruhig, aber verdammt schwer. Manchmal hob sie ihre gewaltige Schnauze, um sie an meinem linken Schienbein zu reiben. Auf meiner grauen Hose bildeten sich große dunkle Flecken. Ich begann zu schwitzen, weil ich mich im Lendenbereich stark verspannte.

Beim Abschied wiederholte das gutmütige Tier seine Begrüßungsnummer: Es legte seine Vorderpfoten auf meine Schultern und leckte mir ein letztes Mal über Nase, Stirn und Wangen. Draußen wischte ich mein Gesicht mit einem Taschentuch ab und lockerte meine Nackenmuskulatur.

Anderntags brachte ich Sakko und Hose in die Putzerei. Und blieb bei meinem Entschluss: Ein großer Hund kommt mir nicht ins Haus.

KLEINE HUNDEGESCHICHTE

In periodischen Abständen wird bei uns das Thema diskutiert: „Warum haben wir eigentlich keinen Hund?" In dieser Frage gibt es keine Ausgewogenheit der Standpunkte. Während zwei meiner Buben keine Meinung dazu haben, unterstützen meine anderen sechs Kinder (unterschiedlich vehement) den Wunsch meiner Frau nach einem Hund. Ich selbst bin seit langem inner-familiär isoliert, da ich von allem Anfang an klar gemacht hatte: Ein Hund (auch ein noch so kleiner, süßer) kommt mir nicht ins Haus.

Nun beruht meine strikte Ablehnung keineswegs auf negativen Erlebnissen. Ich kam immer gut mit Spaniels, Pudeln oder Bo-xern aus – sieht man von jenen Sommermonaten ab, in denen ich während meiner Studienzeit als Briefträger arbeitete und so manchen Wachhund überlisten musste.

Meine Scheu vor einem treuen Hausgenossen gründet sich vielmehr darauf, dass es mir ähnlich ergehen könnte wie mei-nem lieben Freund Egon, Vater von zwei halbwüchsigen Töch-tern und einem kleinen Buben. Dieser hatte sich nämlich von seiner Ältesten zur Aufnahme eines Vierbeiners überreden las-sen – unter einer Bedingung: Er, der Vater, sei für Fütterung und Spazierengehen ausnahmslos nicht zuständig.

Als das Tier seinen bejubelten Einzug in die bis dahin gepflegte Altbauwohnung hielt, war Sonja, ein originelles, aber nicht ganz unschwieriges Mädchen, gerade 15. In diesem Alter haben viele Menschen (Gott sei Dank) noch den Glauben an eine bessere Welt. Also hatte man einer Hündin aus dem Tierasyl die Freiheit geschenkt – und damit diese sich nicht zu einsam fühle, gleich auch eine männliche Promenadenmischung mitgenommen.

Die beiden Tiere waren ausgesprochen friedlich, sodass auch das Zusammenleben mit den drei Katzen keinerlei Probleme darstellte. Die Kinder jedenfalls hatten viel Freude mit den neuen Hausgenossen, vor allem als Sheila nach kurzer Zeit sieben entzückende Hundebabys zur Welt brachte. Obwohl die Wohnung meines Freundes durchaus geräumig ist, ergaben sich doch gewisse Schwierigkeiten, da die Kleinen sich eine Zeit lang so richtig austoben durften. Spuren, die sie auf ihren Erkundungstouren hinterließen, waren noch lange zu sehen und auch zu riechen.

Erst nach drei Wochen konnte sich Egon mit seinem Vorschlag durchsetzen, den herzigen Welpen einen klar abgegrenzten Platz zur Verfügung zu stellen. Er errichtete im größten Zimmer mit Brettern eine Art Verschlag – worauf seine Töchter eine Woche lang nicht mit ihm redeten.

Auch wenn seine Altbauwohnung durchaus geräumig ist, schien die Lage auf die Dauer doch ein wenig prekär. Schließlich kam es zu einer denkwürdigen Familienkonferenz, in deren turbulentem Verlauf die Kinder sich unter Schluchzen damit einverstanden erklärten, sich von den Hundebabys zu trennen. Auf eine Zeitungsannonce meldeten sich überraschend viele Hundeliebhaber aus der ganzen Steiermark – was jedoch noch lange nicht das Ende der reizenden Welpenherrschaft bedeutete. Denn Sonja, die älteste Tochter, wollte sich nicht einfach von ihren kleinen Lieblingen trennen, ohne sich vorher ein Bild von den neuen Besitzern gemacht zu haben. Also fuhren Vater, Mutter und die drei Kinder (Letztere mit den Welpen auf dem Schoß) nach Weiz, Gleisdorf und Eibiswald, damit das tierliebende Mädchen einen jeweiligen Lokalaugenschein vornehmen konnte. Den besten Eindruck machte ihm ein homosexuelles Paar aus der Weststeiermark, an welches das erste von den Hundebabys abgegeben wurde. Nach vielen weiteren Ausfahrten war irgendwann auch das letzte Junge außer Haus und die Familie weit herumgekommen. Obwohl die Geografiekenntnisse seiner Kinder durch diese Steiermark-Tour gefestigt worden waren, ließ der Vater an deren Ende die Bemerkung fallen, lieber wolle er Sheila sterilisieren lassen, als noch einmal derartige Tiertransporte durchführen.

Die Aufregung ob dieser verbalen Entgleisung war gewaltig und klang erst ab, als Sonja für ein Jahr als EF-Schülerin nach Amerika fuhr und ihre Tierpflege fortan auf gute Ratschläge beschränken musste, die sie per E-Mail ihren Eltern zukommen ließ. Auch ihre Schwester hatte immer öfter gerade dann ganz Wichtiges zu tun, wenn die allein zurückgebliebenen Hundeeltern ins Freie zu führen gewesen wären.

Um es kurz zu machen: Als einzig wirklich verlässlicher Betreuer der lieben Tiere blieb der Vater übrig – und wie es aussieht, wird er es auch noch lange bleiben. Täglich zieht er mit den beiden Hunden seine Runden – einsam und unbedankt.

„Es war ein Hundili!"

Meine Frau beschäftigt sich seit mehr als 18 Jahren nahezu un-
unterbrochen mit Fragen der Erziehung. Sie gibt sich jedoch
nicht allein mit den in der Praxis reichhaltig gesammelten Erfahrungen zufrieden, sie will ihre pädagogischen Maßnahmen
auch wissenschaftlich abgesichert wissen. Mit anderen Worten:
Sie liest ständig viele Bücher, die vom Heranwachsen von Kindern erzählen. Glücklicherweise gibt sie ihr Wissen auch an
mich, der auf jegliche derartige Lektüre verzichtet, bereitwillig
weiter, sodass ich in groben Zügen etwa in die Komplexität des
frühen Kleinkindalters eingeweiht bin.

So weiß ich zum Beispiel, dass man schon mit Babys in der
Sprache der Erwachsenen reden und sich nicht einer vieles ver-
niedlichenden Diktion befleißigen soll. Es darf also nicht hei-

ßen: „Schau, Schatzi, was das Hundi hinter dem Baumi für ein lustiges Schwanzi hat."

Wer so undifferenziert mit einem Kleinkind spricht, belehrt mich Astrid, unterschlägt die Vielfalt der Hunderassen und macht sich mitschuldig an seinem frühzeitig verkümmernden Wortschatz. Ein Kind hat von klein auf das Recht, zu wissen, um welches Hundi es sich jeweils handelt.

Als ich vor kurzem mit meiner zweieinhalbjährigen Tochter im Park spazieren ging, sagte ich beim Anblick eines besonders herzigen Vierbeiners zu ihr: „Schau, was für ein süßer kleiner Yorkshireterrier!" Darauf meine Tochter: „Ist der Wau-wau lieb?" – „Sophie – das ist kein Wau-wau, das ist ein Yorkshireterrier!" – „Nein, das ist ein Hundili." – „Es ist auch kein Hundili, es ist ein Yorkshireterrier!!!" – „Ist das Hundili lieb, Papili?" Kurze Pause. „Ja, Sophieli!" – „Setzen wir uns aufs Bankili und essen unser Brotili, Papilili?" – „Ja, Sophielili, und wir schauen dein Buchili an und geben deinem Puppili ein Keksili."

Es wurde noch ein äußerst anregender und vergnüglicher Nachmittag. Besonderen Gefallen fand meine kleine Tochter an einem schlichten Spiel. Ich sagte zum Beispiel „Baum" – worauf sie konterte „Baumili". Dann war ich wieder an der Reihe: „Baumilili" usw. Zugegeben, ab einer gewissen „li"-Anzahl verlor das Spiel für mich ein wenig an Reiz, ganz im Gegensatz zu Sophielili, die sich nach jeder weiteren Steigerung vor Vergnügen schüttelte.

Zu Hause erzählte sie stolz von ihren Erlebnissen im Park: „Mamili, wir haben ein kleines Hundili gesehen." Astrid sah mich fragend an. „Es war ein Hundili", antwortete ich und zwinkerte unserer Tochter verstohlen zu.

„Papa, bitte hoppa!"

Opapas Trostgeschenke

Ich habe großes Glück mit meinem Schwiegervater. Nicht nur, weil er sehr hilfsbereit ist und im Lauf der Jahre sämtliche Reparaturarbeiten an unserem kleinen Anwesen übernommen hat. (Vielen Dank für alle geleimten Sessellehnen, kindersicheren Steckdosen und zugegipsten Mauerlöcher!) Mein Schwiegervater ist auch ein herzensguter Mensch.

Es dürfte mehr als 17 Jahre her sein, mein ältestes Kind war gerade ein Jahr alt. Meine Frau wickelte routiniert ihre Geburtstagsgeschenke aus und kommentierte sie wie immer: „Du bist ja verrückt, so viel Geld für einen Schal auszugeben!" Oder: „Hat es den Pullover nicht auch in Dunkelblau gegeben?" Oder: „Eigentlich haben wir schon eine Orangenpresse – aber die ist wirklich viel schöner …"

Für meinen kleinen Sohn schien das alles belastend zu sein. Immer wieder musste er sich nämlich anhören – wenn er zum Beispiel nach einer versilberten Zuckerzange griff –, dass die der Mama gehört und nicht ihm. Nicht ein Geschenk war für ihn, nicht einmal das kleine, bei dessen Anblick seine Mutter nasse Augen bekam.

Mein Schwiegervater musste den Anblick des völlig leer ausgegangenen Enkelsohnes (des ersten!) so schmerzhaft empfunden haben, dass er beschloss, Dominik nie mehr während einer Familienfeier leiden zu sehen. Und er gebar die Idee des „Trostgeschenkes".

Also lag an meinem Geburtstag auch ein liebevoll eingewickeltes Paket für meinen kleinen Sohn auf dem Tisch: eine batteriebetriebene Feuerwehr. Das prächtige Fahrzeug erfüllte über die Maßen seinen Zweck und fand nicht nur beim zu Tröstenden

großen Anklang, sondern auch bei seinem Urgroßvater: „Hast du aber ein schönes Feuerwehrauto bekommen, Dominik. Darf ich bitte auch einmal die Leiter hochkurbeln?"

Das war – wie gesagt – vor 17 Jahren. Heute haben meine Schwiegereltern 14 Enkelkinder. Allein in unserer Familie gibt es 20 Geburts- und Namenstage, für die der Opapa meiner Kinder 140 so genannte Trostgeschenke besorgt.

Nun kam es hin und wieder vor, dass die unterschiedlichen Präsente zu kleinen Unstimmigkeiten führten. Seit mein Schwiegervater jedoch meinen Nachwuchs regelmäßig mit Socken eindeckt, ist Ruhe eingekehrt.

Wie lange es die vertraute Tradition der Trostgeschenke noch geben wird, weiß ich nicht. Immerhin war Dominik in der vergangenen Woche zur Stellung vorgeladen. Und ich weiß auch nicht, ob mein Schwiegervater ebenso auf diese Idee gekommen wäre, hätte er gewusst, was auf ihn zukommt. Aber irgendwann werde ich ihn fragen.

„WANN IST BRUMMITAG?"

Jeden zweiten Mittwoch, wenn mein kleinster Sohn Jakob (6) aufwacht, möchte er tot sein. Neuerdings verlangt er sogar mein dickes Taschenmesser. Das erste Mal war ich, wie Sie sich vorstellen können, sehr besorgt. Seit ich weiß, dass er alles in Kauf nehmen würde (sogar seinen Teddybären würde er hergeben), nur um nicht zum Zahnarzt gehen zu müssen, bin ich es nicht mehr. Seit einiger Zeit fahre ich also jeden zweiten Mittwoch mit Jakob und Sophie zum Zahnarzt. Meine Frau will nicht. Sie kann nicht zusehen, wie unsere beiden Kleinsten weinen, sagt sie. Während der Autofahrt sehe ich im Rückspiegel, wie sich Jakob bekreuzigt. Immer wieder. Die Augen sind dabei fest geschlossen, die Lippen bewegen sich lautlos. „Jakob, wenn du bei der Zahnärztin den Mund weit aufmachst, darfst du dir nachher was Schönes zum Spielen aussuchen. Ja?" Jakob ist augenblicklich ganz munter. „Den Harry-Potter-Zug von Lego?!" – „Also der ist schon sehr teuer, aber du findest sicherlich auch etwas anderes."

Im Wartezimmer sitzt ein Vater. Auf seinem Rücken turnt ein vielleicht dreijähriger Knabe, ein Mädchen liegt auf dem Boden und zeichnet, ein weiteres hockt unter dem Tisch und heult. „Jacqueline, wenn du jetzt nicht gleich reingehst, kriegst du kein Eis.“ Jacqueline kommt nicht aus ihrer Deckung und reagiert auf die Stimme ihres Vaters mit anhaltendem Schluchzen. Plötzlich öffnet sich die Tür. Eine Frau, offensichtlich die Mutter der vier Kinder, kommt mit einem heftig plärrenden Buben aus dem Behandlungszimmer. „Gell, Kevin, es hat gar nicht weh getan! Sag der Jacqui, dass es gar nicht weh getan hat.“ Kevin sagt nichts, sondern brüllt jetzt im Diskant. Seine Schwester hockt weiterhin unter dem Tisch und weint. Der Vater versucht, die Kleine, die sich an das Tischbein klammert, hervorzuzerren. Der Tisch schwankt, stürzt aber nicht um. Im ungleichen Ringkampf bleibt schließlich der Vater Sieger. Er stemmt seine Tochter, die nun mit beiden Fäusten wild gegen seine Brust trommelt, in die Höhe.

„Jakob, kommst du bitte mit!“ Die samtene Stimme der Assistentin verfehlt ihre Wirkung. Mein Sohn verlangt noch einmal mein Taschenmesser, schlägt in panischer Angst Kreuzzeichen. So nähern wir uns der freundlichen Ärztin: „Auf welchem Stuhl möchtest du denn sitzen, Jakob?“ Jakob will nirgendwo sitzen. Er will wieder hinaus gehen.

Ich lege mich auf den Stuhl, auf mir liegt mein kleiner Sohn, seine Hände zum Gebet verkrampft, hinter mir steht meine Tochter, die mir unablässig die Stirn küsst.

Die Ärztin zieht einen Bohrer. „Schau, Jakob, das ist ein kleiner Brummi – ist der nicht lustig?“ Mein kleiner Sohn findet ihn nicht lustig. Er stellt sich schlafend, will den Brummi offenbar nicht sehen.

„Jakob, wenn du den Mund nicht öffnest, kann die Frau Doktor nicht bohren", diagnostiziert die Assistentin messerscharf. Mein kleiner Sohn reagiert nicht. „Wenn du jetzt brav den Mund aufmachst", flüstere ich ihm ins Ohr, nachdem ich mich kurz aus der Umklammerung meiner Tochter befreit und nun genug Luft zum Sprechen habe, „darfst du dir nachher im Spielzeuggeschäft etwas Schönes aussuchen."

Jakob öffnet seine Lippen einen Spalt breit. „Weiit – ganz weiiit – noch weiiiter – ja, sehr brav." Die beiden Damen jubeln in ehrlicher Erleichterung. Brummi nähert sich dem Zahn, kommt aber nicht ans Ziel. Plötzlich schreit Jakob. Es ist das Geräusch, das er nicht erträgt, sagt er. Leider lässt sich Brummi nicht leiser drehen. Die Ärztin, weiterhin beneidenswert geduldig, setzt Brummi auf ihrer Hand an, um zu demonstrieren, dass er gar nicht weh tut.

Schließlich kommt er doch ans Ziel, jedoch nur für kurze Zeit. „Bitte, eine Pause", stöhnt mein Kleinster. Also Brummi raus – Pause – Brummi rein – Brummi raus – Pause – Brummi rein …

Irgendwann bleibt der Brummi für dieses Mal draußen. Der Ärztin, selber Mutter von vier Kindern, gebührt ein Kompliment für ihr Verständnis, dem tapferen Patienten das versprochene Trostgeschenk.

Wenig später im Spielzeuggeschäft hat Jakob dann die Qual der Wahl. Als er sich endlich für das Harry-Potter-Quiddich-Spiel entschieden hat, fragt er: „Wann gehen wir eigentlich wieder zum Zahnarzt? Beim nächsten Mal nehme ich dann die Kinderliederkassette oder das Tierkinderquartett."

Nun fragt er mich täglich, wann es endlich wieder Mittwoch ist. Er kann die Zeit, bis der Brummi kommt, kaum erwarten. Ich schon.

Sie ist ganz die Tante Olga

Gehören Sie auch zu jenen Spezialisten, die bereits bei einem neu geborenen Neffen zweifelsfrei die frappante Ähnlichkeit mit dem drittältesten Cousin des frisch gebackenen Vaters zu diagnostizieren vermögen?

Ich selbst habe keinen Blick dafür, wem meine Kinder ähnlich schauen. Für mich waren sie einfach süße Babys – mit blauen Augen, nicht zu großen Nasen und nicht allzu abstehenden Ohren. Das wesentliche Kriterium war, sobald ich ein Kind zum ersten Mal sah, bereits unter allerlei Säuglingstextilien verborgen, konnte aber unschwer an der Farbe des hellblauen bzw. rosaroten Kennzeichnungsbändchens am Handgelenk abgelesen werden.

Anders diverse Damen der beiderseitigen Verwandtschaft: Beim ersten Besuch bei der glücklichen Wöchnerin machten

sie diese auf die schlagende Ähnlichkeit des Kleinen mit zum Teil längst verstorbenen Angehörigen der Groß- und Urgroßelterngeneration aufmerksam.

Während einige unserer Kinder gewissermaßen einvernehmlich einer der beiden Seiten zugerechnet werden (zum Beispiel unsere 14-jährige Tochter Antonia jener meiner Frau), gibt es um das Aussehen anderer ein jahrelanges Tauziehen: Mein dritter Sohn Nikolaus wurde während seiner Kleinkindzeit von meiner Mutter für meine Familie in Anspruch genommen, von der Tante meiner Frau hingegen mit gleicher Vehemenz für die Schwiegerseite. Die Debatte ist noch nicht zu Ende, zumal vor kurzem mein Schwiegervater, der sich im Allgemeinen aus derlei Diskussionen heraushält und den Zuwachs an familiärer Hausmacht sozusagen ohne Ansehen besonderer optischer Merkmale mit Stolz registriert, einen in Deutschland lebenden Vetter zweiten Grades ins Spiel gebracht hat.

(Ich selbst kann mich zu dieser interessanten Meinung nicht äußern, da ich besagten Herrn lediglich von einem Foto in handelsüblichem Standardformat kenne, auf dem ca. 120 Hochzeitsgäste abgebildet sind.)

Daneben gibt es durchaus auch gelungene Mischtypen. So heißt es von meinem zweitgeborenen Sohn Benedikt, er habe ein typisches Hofmann-Wellenhof-Kinn in einem typischen Brandstetter-Gesicht.

Wie irreal die Suche nach Zügen verschiedenster Vorfahren bei unseren Kindern doch ist, machte mir vor kurzem meine vierjährige Tochter Sophie bewusst. Als sie mir gegenüber saß und ich vor mich hin murmelte: „Welche Nase wirst du wohl einmal bekommen?", fragte sie gänzlich verständnislos zurück: „Ich – ich hab doch schon eine!"

„DAS HAST DU JETZT DAVON!"

Unsere Kinder haben auf ganz unterschiedliche Weise ihre Trotzphase ausgelebt und signalisiert, dass sie ihren eigenen Willen haben und durchsetzen wollen – allerdings mit einem immer gleich bleibenden „Klassiker": Wenn sie zum Beispiel unmittelbar vor dem Mittagessen keinen Eislutscher mehr essen durften, pflegten sie sich zu Boden zu werfen, um sich dort schreiend zu wälzen. Nur ganz kleine Menschen können so brüllen, vorwärts und rückwärts, ohne Luft zu holen. Bei unserem Erstgeborenen machte ich mir noch ernsthaft Sorgen, er könne nach einem solchen Tobsuchtsanfall bleibenden Schaden erleiden. Aber mit jedem weiteren Kind wurde mir klarer, dass auch der spektakulärste Anfall einmal sein Ende findet. Wutausbrüchen meiner kleinsten Tochter begegne ich daher mit einer – wie mir scheint – recht erprobten Taktik: nicht einmal ignorieren. Nun ist Sophie (4) aber nicht nur ein temperamentvolles, sondern zugleich fantasiebegabtes Kind. Sie versucht ihren Willen mit sehr vielfältigen Techniken durchzusetzen: Außer dem zeitlos-aktuellen Bodenwälzer gehören noch das „Einschauen" oder das „Sich-schlafend-Stellen" zu ihrem Standardrepertoire. Bisweilen probiert sie es auch auf ganz andere Weise.

Unlängst wollte sie während des Mittagessens aus dem großen Krug den Apfelsaft in ihr Glas schütten. Sophie (lieblich piepsend): „Papi, darf ich allein einschenken?" Ich (verzaubert, mit versucht fester Stimme): „Nein, der Krug ist zu schwer für dich." Sophie (zärtlich hauchend): „Bitte ..." Ich (heiser, eine plötzlich auftretende Gefühlswallung niederkämpfend): „Nein, Sophie."

Hoffentlich beginnt sie nicht lautlos in sich hineinzuschluchzen, denke ich. Diese Art zu weinen löst bei sämtlichen Familienmitgliedern Mitleidsstürme aus und beeinträchtigt empfindlich meinen pädagogischen Impetus („Du musst konsequent bleiben!").

Unsere kleine Tochter kann nämlich – und das ist ihre stärkste Waffe – beinahe lautlos ihren Schmerz mitteilen, sodass ihr Anblick anderen geradezu körperlich weh tut. In solchen Momenten will ich nur eines: sie wieder lachen sehen – also dürfte sie den Apfelsaft über den Mittagstisch schütten.

Aber nichts von alldem geschieht. Ihr Gesichtsausdruck wechselt von lieblich-zärtlich zu ernst-sachlich. Dann montiert sie mit großer Gelassenheit die Klemmen des Tischtuches ab, lässt sie mit verspielter Grandezza zu Boden fallen und sagt zu mir in ruhigem Ton, der keinen Zweifel offen lässt, wer diese Machtprobe gewonnen hat: „So, das hast du jetzt davon."

„PAPA, BITTE HOPPA!"

Meine kleinste Tochter wurde vor wenigen Wochen vier Jahre
alt. Sie bewegt sich ihrem Alter entsprechend sehr geschickt –
allerdings mit einer kleinen Einschränkung: Wenn ich in ihr
Blickfeld trete, streckt sie ihre zierlichen Arme aus, bleibt wie
angewurzelt stehen und fordert mich mit einer (für ein Kleinkind) erstaunlich festen Stimme auf: „Papa, hoppa!" Was so viel
heißt wie: „Papa, bitte trag mich!"

Lange Zeit war ich mächtig stolz, dass Sophie nur von ganz
wenigen Auserwählten getragen werden wollte: Ich zählte (und
zähle heute noch) gewissermaßen zum engsten Vertrauten-
kreis. Wenn andere näher oder auch weiter entfernte Verwandte
mit sanften Fingern nach ihr zu haschen versuchen, kann es
vorkommen, dass unsere entzückende Tochter panikartig auf
mich zustürzt und unter Schluchzen den rettenden Hilfeschrei

ausstößt: „Papa, hoppa!" Ich nehme sie also – nicht ohne einen gewissen Vaterstolz – zu mir herauf, um sie ganz fest an mich zu drücken: Hier bist du ganz in Sicherheit. (Um ganz ehrlich zu sein: In wirklich kritischen Situationen – wenn etwa die freundliche Gemüsefrau ihr nur ganz leicht über ihre blonden Locken streichen will – läuft sie nicht zu mir, sondern zu ihrer Mutter.)

Nun leuchtet mir ein, dass Gehen ebenso wie längeres Stehen anstrengend sein kann. Warum aber will Sophie auch nicht allein sitzen? Kaum nehme ich meinen Platz am Mittagstisch ein, klettert sie in Windeseile von ihrem nahezu ungebrauchten Hochstuhl herunter und auf meinen Schoß hinauf: „Papa, hoppa!"

Es liegt schon einige Zeit zurück, dass ich meine Mahlzeiten in einer physiologisch korrekten Körperhaltung zu mir genommen habe. Mit ein bisschen Übung vermag man jedoch relativ bald – sozusagen im Blindflug – Löffel, Gabel und Messer zu handhaben.

Wirklich mühsam wird die Nahrungsaufnahme für mich erst, wenn Sophies kleinster Bruder (6), von Eifersucht gebeutelt, ebenfalls auf mir hocken will: „Immer darf die Sophie bei dir hoppern und ich nie!" Auf mein Angebot, dass er an geraden und seine Schwester an ungeraden Wochentagen dran komme, antwortete er mit einem Gegenvorschlag: „Warum können wir nicht beide gleichzeitig? Schließlich hast du doch zwei Knie …"

PS: Gestern aß ich in einem Restaurant. Nur mit meiner Frau. Es war sehr entspannend – und ganz kniefrei.

„DARF ICH BITTE AUCH MIT?"

Ich schleiche in Richtung Eingangstür. Als ich schon fast drau-
ßen bin, sagt meine Tochter Anna (9): „Wo gehst du hin, Papa?"
– „Nur ein bisschen was einkaufen, ich bin gleich wieder da." –
„Darf ich mitgehen?" – „Aber das ist doch gar nicht lustig für
dich. Ich hole nur Brot und Milch und eine Butter." – „Biiitte!" –
„Darf ich auch?!", ruft Sophie (4) aus dem Kinderzimmer. –
„Natürlich darfst du auch. Zieh dir schnell deine Pokémon-
Schuhe an." – „Ich mag nicht. Ich mag lieber die Sportschuhe!"
– „Nein, Sophie, die hol ich dir jetzt nicht aus dem Keller." –
Meine kleinste Tochter heult laut und zornig. „Wenn du dir
nicht sofort deine Pokémon-Schuhe anziehst, bleibst du da."
Anna hüpft auf einem Bein. „Ich finde meinen linken Schuh
nicht. Ich probiere Jakobs Gummistiefel." Sie sind ihr eindeutig

zu klein. Nun will Sophie sie. Anna ist weiterhin auf der Suche nach ihrem linken Schuh und stößt dabei auf Klemens' Rollerskates. „Die kann ich nehmen!" Ich bin entschieden dagegen. Inzwischen hat es zu regnen begonnen. „Wo ist eigentlich Sophies Regenpelerine?" frage ich. Anna sucht nach wie vor ihren linken Schuh und überdies ihren Schirm mit den entzückenden Dalmatinerwelpen.

„Kannst du nicht eigentlich auch den Jakob mitnehmen? Er ist sonst ganz allein!" Es ist die Stimme meiner fürsorglichen Frau. Jakob stürmt auf Sophie zu: „Das sind meine Gummistiefel!" Mein Vermittlungsversuch scheitert kläglich. Jakob zerrt an seinen Gummistiefeln, die unglücklicherweise an den Füßen seiner kleinen Schwester stecken. Nach einem kurzen Handgemenge hält er sie triumphierend in die Höhe. Sophie wirft sich zu Boden und schluchzt. Anna hat ihren Dalmatinerschirm gefunden, aber noch immer nicht ihren linken Schuh.

Ich verliere kurz die Nerven und stürze allein in den Regen – was zur Folge hat, dass meine drei Kleinsten ein Geschrei anstimmen, als würde ich nie wieder zurückkommen.

Also kehre ich um. Trage zuerst Anna (ohne linken Schuh, aber mit Schirm) durch den immer stärker werdenden Regen ins Auto, dann Jakob (mit Gummistiefeln, aber ohne Pelerine), zuletzt Sophie (mit Pelerine, aber ohne Gummistiefel). Während der Autofahrt machen die drei Ergänzungsvorschläge für meine ihnen allzu dürftig scheinende Einkaufsliste. Wir einigen uns schließlich auf Gummibärchen, Kaugummis und Schwedenbomben.

Als wir vor dem Geschäft ankommen, gehen gerade die Lichter aus.

BUSSI AUF KOMMANDO

Stolze Eltern sind rührend, aber zugleich auch nicht unanstrengend. Am liebsten reden sie über ihren Nachwuchs. Auch wenn verständnislose Mitmenschen auf die Jubelmeldung, dass das Mädi erstmals aufs Topfi gegangen ist, mit totaler Teilnahmslosigkeit reagieren, sind sie kaum irritiert.

Ich selbst kann nicht über Heldentaten meiner Kinder berichten. Sie sind in meinen Augen zwar wunderbar gelungen, aber offensichtlich nur durchschnittlich begabt: Keines konnte vor dem Schuleintritt lesen oder schreiben, geschweige denn Balladen aufsagen oder multiplizieren. Deshalb gerate ich niemals in Gefahr, meine Kinder irgendetwas vorführen zu lassen. Kinderkunststücke funktionieren vor Publikum ohnehin selten. Vor einiger Zeit war ich in einem Kaffeehaus interessierter, aber feige hinter einer Zeitung Deckung suchender Zuschauer folgender Szene. Oma und Opa sitzen mit ihrem Enkerl Mandi, vielleicht zwei Jahre alt, am Nebentisch und geben letzte Instruktionen: „Wenn der Onkel Karli und die Tante Grete kommen, gibst ihnen brav ein Bussi, gell?" Der Kleine schüttet Zucker auf den Tisch, reagiert jedoch auf die Aufforderung indifferent: Er schweigt. Da betreten Onkel Karli und Tante Grete das Lokal. Herzliche Begrüßung zwischen den Erwachsenen, Mandi schraubt weiterhin am Zuckerstreuer. „Gibst dem Onkel und der Tante jetzt ein Bussi?" Emotionslos absolviert Mandi seine Pflichtübung – jedoch nur zum Teil: Lediglich Karli kommt in den Genuss der einstudierten Liebesbezeugung. „Und die Tante bekommt keines?" fragt die Oma aufmunternd. Mandi, wieder am Zuckerstreuer hantierend, fühlt sich offenbar nicht angesprochen. „Du gibst jetzt auch der Tante ein Bussi!", fordert der sichtlich nervöse Opa seinen Enkel auf. „Aber ich bitt' dich, das macht doch nichts", wirft die verschmähte Tante begütigend ein. Zu spät. Der Opa ist bereits aufgesprungen, entreißt Mandi den Zuckerstreuer und herrscht ihn mit bebender Stimme an: „Wenn du nicht auf der Stelle auch der Tante ein Bussi gibst, fahren wir nach Hause."

Mandi brüllt: Er will den Zuckerstreuer wiederhaben – und bekommt ihn auch. „Ich weiß nicht, was mit dem Buben heute los ist. Sonst gibt er immer brav Bussi", versucht die Oma die Niederlage zu erklären. Der Opa hat sich doch stärker echauffiert, als ihm lieb ist. Er geht auf die Toilette.

In diesem Augenblick passiert es: Mandi beugt sich über den Tisch und küsst seine Tante. Gar nicht unwillig, sondern beinahe zärtlich.

AUF DEM SPIELPLATZ

Ich sitze auf einer Bank und sehe dem lustigen Treiben auf einem Kinderspielplatz zu. Ich bin ganz gelöst – ausnahmsweise bin ich ohne meine Kinder da. Die Akteure der kleinen Szene: ein Elternpaar mit Tochter Elisa (vielleicht drei) und Sohn Jan (fünf), allesamt in Designermode gekleidet; eine sechsköpfige Familie, Mutter mit Jutetasche und Latzhose, Kinder Aaron, David, Sarah und Josua, erfrischend schmutzig und ungepflegt, Vater mit Rucksack und Häkelhäubchen, von mir der Einfachheit halber im weiteren Verlauf der Geschichte als der Alternative bezeichnet; sowie zwei Buben namens Zlatko und Zvonimir (beide vielleicht sieben). Der Boden ist tief, es herrschen also – um die Sprache des Sports zu bemühen – „schwierige Verhältnisse".

Elisa erklimmt die Rutsche, wird jedoch unmittelbar vor der Abfahrt vom spitzen Schrei ihrer Mama daran gehindert: „Ich bitt' dich, Eli, du machst dir ja dein neues Kleid ganz nass."

Während nun der Vater des kleinen Modepüppchens in mühevoller Handarbeit mit seinem Taschentuch die Rutsche abwischt, beobachtet ihn Zvonimir gelassen, aber nicht ohne Interesse.

In der Zwischenzeit haben drei Sprösslinge des Alternativen die Besteigung einer Wippe in Angriff genommen. Immer wieder wird durch das plötzliche Auf- und Absteigen ein Kleinkind in die Höhe geschnepft oder es schlägt nach rasender Talfahrt hart auf dem Boden auf.

Auch wenn die Situation nicht ganz ungefährlich erscheint, sieht der Alternative dem munteren Turnen eher gelangweilt zu: Seine betont entspannte Körperhaltung signalisiert jedenfalls, dass er eine pädagogische Führungsmaßnahme gegenüber seiner Nachkommenschaft keineswegs in Betracht zieht und am Prinzip der „Nicht-Einmischung" konsequent festhält.

Ganz im Gegensatz zum Vater im edel knitternden Leinensakko: „Jan, hutsch nicht so hoch!" Die Ermahnung scheint seinen Knaben nicht zu bremsen, ganz im Gegenteil: Sie befeuert ihn geradezu.

Sein durchaus beachtlicher Höhenflug wird jedoch von der entschlossen zupackenden Vaterfaust jäh gestoppt und der Kleine vom Brett gerissen – was ein wildes Geheul zur Folge hat, aus dem nur die ständig wiederholten Worte „Wieder hutschen" hervordringen.

Nun sitzt Zlatko auf der Hutsche und zeigt mit lässig-routiniertem Schwungholen, wo tatsächlich der kritische Punkt der Spielanlage liegt.

Sarah und David haben soeben entdeckt, dass man auch bäuchlings rutschen kann. Josua wiederum liegt vor seinem auf einer Bank sitzenden Vater und tritt ihm leicht, aber beständig gegen sein Schienbein: „Ich mag Kastanien." Weder der Alternative noch seine seit geraumer Zeit den kleinen Aaron stillende Frau lassen sich durch so geringfügige Tätlichkeiten aus ihrer Ruhe bringen.

Da Jan nicht mehr hutschen darf, brüllt er anhaltend laut und kann auch durch das eher plumpe Ablenkungsmanöver seiner Mutter nicht besänftigt werden: „Schau, Schätzchen, da ist ein Pferdi. Willst nicht ein bissi reiten?"

Den Vater im edel knitternden Leinensakko hat der Spielplatzbesuch doch stärker mitgenommen, als es anfangs den Anschein gehabt hatte. Er zerrt seinen Sohn, der sich immer wieder der Hutsche nähern will, aus der Gefahrenzone und

herrscht ihn an: „Wenn du nicht sofort ruhig bist, gehen wir."
Infolge des anhaltenden Gebrülls kommt es zu einem über-
stürzten Aufbruch der Designergruppe.

Kurz darauf will auch das alternative Elternpaar den Spielplatz
verlassen. Vater und Mutter versuchen mit Engelsgeduld ihre
Kinder dazu zu überreden. Sie wollen offensichtlich keinerlei
Druck ausüben, um kein frühkindliches Frustrationstrauma
auszulösen. Stattdessen werden gemeinsam Lösungsmodelle
besprochen – ein Unterfangen, das sich angesichts des Alters
der kleinen Diskussionsteilnehmer nicht gerade einfach gestal-
tet. Als sogar die bewährtesten Argumente („Der Aaron ist
schon ganz müde!") an der Ignoranz der Kinder abprallen, werden diese schließlich von ihren Eltern – mehr weggeschleift als
weggetragen – aus dem Bannkreis des Spielplatzes gebracht.

Zurück bleiben Zlatko und Zvonimir, die beide Abschiede mit
Interesse verfolgt haben und sich nun fachkundig an mich wenden, der ich – ausnahmsweise – allein da sitze: „Können Sie
froh sein, dass Sie keine Kinder haben …"

Ach, diese
großen Brüder!

Schlagzeug-Etüden

Bei der Beurteilung von Weihnachtsgeschenken hinsichtlich ihrer Beliebtheit und Benützungsdauer bin ich vorsichtig geworden. So verstellte etwa ein Drehfußballtisch in einer Größe, wie man sie sonst nur in öffentlichen Bädern oder Spielsalons zu sehen bekommt, drei Jahre lang beinahe unbenützt und stark verstaubend etwa ein Drittel eines Kinderzimmers. Dann kam Kurt, ein munterer Maler, der nicht nur die Wände unseres Hauses schneeweiß-matt färbelte, sondern auch mit großer Leidenschaft am bis dahin verwaisten Gerät kurbelte und somit bei meinen Buben ein gewisses Interesse weckte. Mit seinem Fortgang – zuvor hatte er beim eigens für ihn ausgeschriebenen hausinternen Drehfußballturnier den achtbaren zweiten Platz belegt – schwand dieses jedoch wieder nahezu vollkommen.

Die größte Aufmerksamkeit unter den heurigen Geschenken erweckte ein Schlagzeug mit allem Zubehör. Seine Anschaffung war notwendig geworden, weil meiner lieben Frau eines Mittags im September das ausgeprägte Rhythmusgefühl unseres Erstgeborenen aufgefallen war: Er hatte mit Löffel und Gabel im Stakkato auf die Tischplatte getrommelt – ob aus einem starken Hungergefühl heraus oder einem inneren Zwang folgend, tut nichts zur Sache. Seit Oktober erhält Dominik jedenfalls an diesem zweifellos interessanten Musikinstrument Unterricht, und auch sein Lehrer, Sohn eines über die Grenzen unseres Landes hinaus bekannten Jazzmusikers, attestiert ihm Talent. Deshalb war ich nicht sonderlich überrascht, als nach kurzer Diskussion feststand, dass eigentlich nur ein gutes (und logischerweise teures) Gerät zum Üben für daheim in Frage komme. Nun liegt die Zeit, in der ich Ballveranstaltungen besucht

habe, zwar schon viele Jahre zurück, dennoch ist mir erinnerlich, dass bei engagierter Bearbeitung eines Schlagzeugs Phonzahlen im gesundheitlich bedenklichen Bereich erzielt werden. Meine (scherzhaft gemeinte) Bemerkung, ob Dominik meinen Gehörschutz aus lange vergangenen Bundesheertagen, zwei Plastikstöpsel, die beim Abschießen von rückstoßfreien Panzerabwehrkanonen (rPak) getragen werden mussten, für seine Übungsstunden verwenden solle, war keineswegs überflüssig. Ein Gehörschutz sei dringend angeraten, meinte der Musikpädagoge aus eigener (leidvoller) Erfahrung. Also kaufte ich meinem Sohn verstellbare Ohrenschützer, wie sie im Baugewerbe bei Arbeiten mit schweren Presslufthämmern gebraucht werden.

Seit wir das Schlagzeug im Haus haben, hat sich unser Familienleben verändert. Meinen ältesten Sohn beispielsweise sehe ich nur noch selten, da er sich seit Tagen vorwiegend unter Tag aufhält, wo er Snaredrums, Tomtoms, Ride Cymbals, Hi Hats und Crash Cymbals bearbeitet. Es ist ungewiss, wann ich mich wieder einmal mit ihm in normaler Lautstärke unterhalten werde können. Nicht geklärt ist nach wie vor die Frage, wie die restliche Familie seine musikalischen Fortschritte gehörmäßig verkraften wird. Obwohl die Anlage im Keller aufgebaut ist, erfüllt sie nämlich das Haus seit dem Christtag mit metallischem Wummern. Es kann also durchaus vorkommen, dass das Telefonklingeln im Fortissimo der Drums untergeht.

Nun ist damit zu rechnen, dass in absehbarer Zeit die anfängliche Begeisterung des stolzen Besitzers nachlassen wird. Zurzeit jedoch behandelt nicht nur unser Erstgeborener wie besessen das Gerät, sondern auch sein Bruder Klemens (10), der offensichtlich ebenso den Rhythmus im Blut hat. Er erhält von Dominik regelmäßig Unterricht und soll durchaus geschickt mit den Sticks umgehen. Auf diese Weise ist eine hohe Auslastung des Schlagzeugsets gegeben – was mich aus wirtschaftlichen Überlegungen freut. Immerhin war die Anschaffung nicht gerade billig.

Wirklich froh bin ich über den Umstand, dass die ersten Übungssessions in den Winter fallen. Ich hoffe, dass er noch lange anhält. Aber irgendwann werden die Tage wieder länger und wärmer werden und die Fenster der Nachbarn aufgehen. Was dann?

Derzeit bin ich gerade dabei durchzurechnen, was mich billiger kommt: 21 Paar Ohrenschützer (neun für Familienmitglieder, vier für etwaige Besucher sowie acht für in unserer unmittelbaren Nachbarschaft lebende Mitmenschen) oder schalldichte Türen und Fenster. Variante 1 ist zweifellos billiger; weiters hätten Ohrenschützer den Vorteil, dass sie von unseren Nachbarn auch bei anderen Gelegenheiten getragen werden könnten. Etwa, wenn in unserem Garten ein heißes Fußball-match tobt. Ein nicht zu gering zu veranschlagender Nachteil: Unsere Nachbarn müssten erst einmal von der Sinnhaftigkeit eines Gehörschutzes überzeugt werden. Ein Zusammenleben mit stark verminderter akustischer Wahrnehmung kann schließlich recht mühsam werden.

Ich glaube, ich werde mich für Variante 2 entscheiden müssen: Unsere Nachbarn sind wirklich verständnisvoll. Aber irgend-wo, fürchte ich, hat auch Nachbarschaftshilfe ihre Grenzen.

„IM ZWEIFELSFALL SCHREIB 17"

Meine neunjährige Tochter Anna besucht die dritte Klasse der Volksschule und hat eine überaus engagierte, mütterliche und fröhliche Lehrerin, die sie sehr gerne hat. Trotzdem hat sie keinerlei Ehrgeiz, ihre Aufgaben möglichst schön oder vollständig richtig zu erledigen. Während ihre große Schwester (14) auch im Gymnasium noch bunte Zierleisten malt, weil sie offensichtlich Freude an schön geführten Heften hat, beschränkt sich Anna aufs Notwendigste. Allein schon ihre Arbeitshaltung gibt Aufschluss über ihren Eifer: Sie macht ihre Aufgaben prinzipiell im Liegen, und zwar auf dem Teppich im Esszimmer, den Kopf lässig und entspannt auf die linke Hand aufgestützt. Irgendwie erinnert sie an eine kleine Patrizierin im alten Rom, die statt an

einer Weintraube an einem Bleistift knabbert. Ihre Tätigkeit für die Schule erfolgt meist unter mehr oder weniger interessierter Anteilnahme von mindestens drei Geschwistern. Daher braucht sie in Folge zahlreicher Unterbrechungen oft den halben Nachmittag. Wenn sie kurz das Zimmer verlässt, kommt es nicht selten vor, dass sich ihre dreijährige Schwester eines Farbstifts bemächtigt und ihrerseits einige Ergänzungen vornimmt. Anna, die ein sehr pragmatisches Mädchen ist, erwog kurz die Anfertigung eines Stempels mit dem Aufdruck: „Entschuldigung! Diese Aufgabe hat meine kleine Schwester Sophie zerkritzelt."

Ihrer Meinung nach sollte nicht nur von Schüler-, sondern auch von Lehrerseite möglichst wenig Zeit und Energie für etwas generell so Überflüssiges wie Hausübungen aufgewendet werden. So versteht sie gar nicht, dass ihre Lehrerin Rechenfehler durch das Symbol eines stilisierten Auges („Schau genau!") kennzeichnet: „Überleg einmal! In der Zeit, in der die Frau Lehrerin mir alle diese Augerln hinmalt, könnte sie genauso gleich die Rechnung ausbessern." An manchen Tagen will ihr die Arbeit nicht recht von der Hand gehen. Kürzlich wollte sie – offenbar in einem Motivationstief steckend – ihren Bruder Benedikt (17) einspannen, der ihr lediglich den hilfreichen Rat gab, im Zweifelsfall die Zahl 17 hinzuschreiben: „17 stimmt bei Volksschulrechnungen meistens."

Vor wenigen Tagen wurde ich Zeuge eines kurzen Dialogs zwischen meiner Tochter und ihrer Mutter. Tochter (gelangweilt): „Mama, wie viel ist eigentlich 21 minus 6?" Mutter (abgeklärt): „15." Tochter (triumphierend): „Siehst, ist doch gut, dass ich frag', ich hätt' 16 geschätzt."

EIN HEISSES BAD MIT FOLGEN

Im letzten Sommer war mein Sohn Nikolaus (16) für 14 Tage in London, um sein Englisch zu verbessern. Er fühlte sich in seiner Gastfamilie auf Anhieb wohl.

Die Tage vergingen schnell und eigentlich ohne spektakuläre Vorkommnisse. Ausgenommen einmal. Es war bereits weit nach Mitternacht, das Fernsehprogramm zu Ende und die Computerspiele alle ausprobiert, da verspürte mein Sohn plötzlich den Drang, ein heißes Bad zu nehmen.

Er schloss sich, obwohl bereits alle im Haus fest schliefen, im Badezimmer ein und genoss das warme Wasser auf seiner Haut. Ausgiebig und in aller Stille.

Als er wieder zurück in sein Bett wollte, war er richtig müde. Vielleicht war das der Grund, dass er den Schlüssel in die falsche Richtung drehte – und plötzlich den oberen Teil in seiner Hand hielt. Der Bart steckte noch im Schloss. Auch wenn Nikolaus noch so sehr gegen die Tür drückte, sich dagegen warf: alles vergeblich. Das solide britische Hartholz hielt problemlos seinen wilden Attacken stand.

Da mein Sohn nicht gewillt war, die restliche Nacht auf einem kleinen Hocker sitzend zu verbringen, schrie er laut um Hilfe. „Help me, I'm locked in!" Die Zeiger der Uhr (in Gestalt eines lustigen Fisches) zeigten 2.30 Uhr. So dauerte es eine Weile, bis der Hausherr geweckt war. Um es kurz zu machen: Auch er konnte nicht helfen.

Er verständigte die Feuerwehr, die mit Blaulicht und einem Dutzend Männern unter der „Unglücksstelle" eintraf.

Routiniert wurde eine lange Leiter zum Badezimmerfenster hochgefahren, durch das mein Sohn kletterte. Unter großer An-

teilnahme sämtlicher Nachbarn stieg er, nur mit einer Boxer-short bekleidet, die Sprossen hinunter. Als er wieder Boden unter seinen Füßen hatte, gab es vereinzelt Applaus. Nikolaus soll – laut eigenen Angaben – die restliche Nacht gut und fest geschlafen haben.

In den Semesterferien fand nun der Gegenbesuch statt, den Tom, der 15-jährige Sohn der englischen Gastfamilie, im Jänner per E-Mail angekündigt hatte – seine Worte im Original: „Lieber Niki, ich habe eine Auswahl Flüge nach Wien für wenn ich im Februar mit deine Familie bleiben kommen. Ich könnte am Freitag um neun Uhr anfangen oder wenn du vorziehen würdest, könnte ich am Samstag anfangen. Ich passe nicht auf. Könntest du schreiben bitte und sprechst, was du vorziehen. Ich will dich im Februar sehen. Tom."

Und dann kam Tom. Er war lang und dünn, hatte zu große Ohren, die ein wenig abstanden, und rote Wangen. Ein bisschen sah er aus wie Mister Bean mit 15. Leider hatte er nicht seinen Humor. Oder vielleicht hatte er ihn auch, doch das ist schwer zu sagen: Denn Tom sprach nicht. Als er am dritten Tag immer noch schwieg, begannen wir uns Sorgen zu machen und gingen mit ihm an die frische Luft. Machten zwei Wanderungen, fuhren ins Thermalbad, besuchten Kino und Theater. Ob es ihm gefiel, wussten wir nicht: Tom schwieg.

Nikolaus, der in der Regel leicht Kontakt findet, meinte lakonisch: „Alles, was wir in dieser Woche miteinander geredet haben, hätten wir in einer Stunde besprechen können."

Ab dem fünften Tag hatte ich mich gewöhnt an Tom und sein stummes Dahocken vor dem Fernseher oder vor seinen Honigsemmeln. Von mir aus hätte er auch noch länger bleiben können. Andererseits war ich doch irgendwie froh, als ich ihn nach Wien zum Flughafen brachte. Auf der Fahrt taute Tom erstmals richtig auf. Alle zehn Minuten teilte er mir mit, dass sein Flugzeug um 15.10 Uhr starte.

Auch wenn der Abschied herzlich war, arbeitete in mir auf der Heimfahrt das schlechte Gewissen. Hatten wir uns um Tom wirklich genug gekümmert? Hatte es ihm bei uns gefallen? Warum hatte er nicht gesprochen?

Nach neun Tagen flatterte endlich ein Brief ins Haus: „Liebe Herr und Frau G. Hofmann-Wellenhof! Vielen Dank für letzten Wochen und für ihr dürft mich mit deine Familie bleiben. Die Woche war sehr gut und mein Deutsch jetzt ist besser. Jetzt habe ich einig umgangssprachlich Sätze gelernt. Es war interessiert für eine Wochen deutsch sprechen. Nach der Wochen ich verstehen mehr deutsch und ich besser kann sprechen. Ich habe der Thermobad und die Wändern besonders gemocht. Lebend mit sieben andere Kindern war interessant, weil ich nur ein Brüder habe. Danke. Tom"

Ein grüner Strohhalm

Die Kinder stritten nach uralter Kinderweis': „Gib mir mein Auto" … „Papa, der Klemens hat mir meinen Ball genommen … mein Kübi … mein Schaufi!" Uralt-zeitlos – nur die Gegenstände wechseln. Die Vöglein sangen, die Kindlein heulten. Nach dem bewährten Wegnehm-Spiel kam die nicht minder erfolgreiche Verleidetaktik an die Reihe: „Mein Steindi ist viel schöner als deines!" In diesem Triumphruf des Größeren liegt die erbsündeüble Neidigkeit verborgen.

Unlängst erhielt dieser zeitlose „Steindi-Streit" eine weitere Facette durch die wohl kalkulierte Parteinahme des Ältesten (18) für die Kleinste (4): „Also mir gefällt das Steindi, das die Sophie gefunden hat, viel besser als das vom Jakob." Dominiks Einmi-

schung brachte das erhoffte Resultat. Nun weinte nicht nur Sophie, sondern auch Jakob: „Du bist so gemein, das sag' ich aber jetzt dem Papa!"

Schauplatzwechsel. Unlängst saßen wir zu zehnt guter Dinge in einem Gasthaus. Die Kinder waren friedlich, die Lage also entspannt. Bis Klemens plötzlich verschwand, um nach kurzer Zeit mit einem grünen Strohhalm wiederzukehren. Die Reaktion der kleinen Partie (Anna, Jakob, Sophie) war leicht vorhersehbar und irgendwie logisch: Auch sie wollten nun mit Strohhalmen trinken.

Die freundliche Kellnerin brachte ein Glas mit vielen bunten Strohhalmen: roten, gelben, blauen, weißen – ein weiterer grüner war jedoch nicht dabei. Es vergingen nur Sekundenbruchteile, da wanderten bereits drei Augenpaare neiderfüllt und sehnsuchtsvoll zum einzigen grünen Halm, an dem Klemens gelangweilt-lässig kaute. „Wir wollen auch einen grünen, genauso einen, wie ihn der Klemens hat", war der einmütige Tenor der drei zu kurz Gekommenen. Da auch der Wirt (nach penibelster Recherche) keinen weiteren grünen Strohhalm auftreiben konnte, spitzte sich die Lage insofern weiter zu, als Klemens seinen Triumph derart provokant zur Schau trug, dass Anna offensichtlich nicht anders konnte: Sie schnappte blitzschnell nach dem für einen kurzen Augenblick friedlich im Glas des Bruders ruhenden Halm und brachte ihn in ihrem unter. Klemens freilich war nicht bereit, seinen Halm kampflos abzugeben. Ein kurzes Handgemenge – zwei Cola-Gläser gingen zu Bruch. Vielstimmiges Geplärr – ein überstürzter Aufbruch.

Zurück blieb ein grüner Strohhalm.

ACH, DIESE GROSSEN BRÜDER!

Meine neunjährige Tochter Anna hat vier große Brüder: Dominik (18), Benedikt (17), Nikolaus (16) und Klemens (11). Der Terror, den sie ausüben, ist vielschichtig. Zum Beispiel am Wochenende, wenn sie (für eine genau festgesetzte Zeit) am Computer spielen dürfen. Anna ist mit Tony Hawk fast am Ziel. Da betritt Nikolaus den Raum, nimmt ihr wortlos den Controller weg, legt ein anderes Spiel ein und will ab sofort von niemandem gestört werden. Anna erklärt ihm kreischend, dass sie gerade erst begonnen habe. Nikolaus reagiert eine Zeit lang gar nicht, ehe er ihr zuzischt: „Sei leise!"

Ein bisschen erinnert die Szene an einen Western: Der wortkarge Cowboy fühlt sich durch einen Maulhelden belästigt und setzt ihn kurzerhand vor die Saloontür.

Zur Verteidigung meiner großen Söhne muss ich allerdings anführen, dass sie zu ihrer kleinen Schwester auch sehr lieb sein können. So brachten sie ihr neulich ohne jeden Anlass Dalmatinersocken (im Sonderangebot) mit und gebärden sich außerhalb unseres kleinen Anwesens so, wie man sich große Brüder gerne vorstellt. Als Anna einmal vor der Schule von einem Knaben aus der Parallelklasse belästigt wurde, drohte sie triumphierend: „Wart nur, gleich kommt mein großer Bruder!"

Die Beziehung zwischen Anna und ihrem nur um zwei Jahre älteren Bruder Klemens ist diffizil, der Altersunterschied zu gering, als dass von vornherein klare Fronten gegeben wären. Die Lust des Größeren, die Kleinere zu quälen, scheint in diesem Alter besonders stark ausgeprägt zu sein.

Anna liegt auf dem Boden und macht ihre Aufgabe. Klemens nähert sich seinem Opfer von hinten, beugt sich über das Heft

und beginnt laut und unmotiviert eine Art Sprechgesang: „Önkl Frifri! Önkl Frifri!" Anna, abgeklärt wie ein stoischer Philosoph, tut so, als wäre sie taub.

„Önkl Frifri! Önkl Frifri!!" Klemens brüllt jetzt die rätselhaften Silben. Anna, immer noch ruhig: „Du kannst mich eh nicht ärgern!"

Vielleicht hätte sie das nicht sagen sollen, denn Klemens fühlt sich herausgefordert. Eine Art sportlicher Wettkampf beginnt: Wie lange brauche ich, um meine kleine Schwester vom Gegenteil zu überzeugen? Blitzschnell wechselt er die Taktik, lässt vom brüllenden Gestammel ab. Schnappt sich einen Bleistift und kritzelt ins Mathematikheft: Anna liebt Alex.

Die Methode, der Schwester ein Naheverhältnis mit einem Klassenkollegen anzudichten, ist nicht besonders originell, aber meist effizient. Diesmal allerdings zeigt Anna keinerlei Wirkung und erklärt noch einmal keck: „Du kannst mich eh nicht ärgern!"

Langsam beginnt sich das boshafte Spiel des großen Bruders gegen ihn zu wenden: Er gerät nun selbst in Weißglut, weil seine Schwester sich diesmal nicht provozieren lässt. Plötzlich ist es um Klemens' Selbstbeherrschung geschehen. Er trommelt ihr so lange auf den Rücken, bis sie sich endlich zu wehren beginnt. Das kurze Handgemenge endet, wie es enden muss: Anna weint, Klemens triumphiert: „Siehst, ich hab dich doch ärgern können!"

Nun kommt Anna schluchzend zu mir gelaufen: „Der Klemens ist so gemein. Er sagt, dass er gewonnen hat, aber weinen ist doch nicht sich ärgern."

Beliebt ist auch ein anderes Ärger-Spiel. Anna kommt aus der Schule heim. „Papa, ich bin Rechenkönig geworden!" Glücklich holt sie das Heft aus ihrer Schultasche und zeigt es mir. Ehe ich noch etwas sagen kann, hat Klemens einen Blick auf die Rechnungen gemacht: „Die sind ja ganz babysch, die kann ja jedes Baby …"

Meine Versicherung, dass er noch vor kurzem dieselben Rechnungen zu lösen gehabt hätte, quittiert er mit höhnischem Gelächter: „So kindische Beispiele haben wir nie gehabt. Heute ist die Volksschule viel leichter als früher."

Ich lobe meine kleine Tochter zum Ausgleich über die Maßen. „Sehr brav, Annerl, das war wirklich schwierig – und du hast alles richtig."

Der ruhige Tonfall meiner Stimme verfehlt nicht seine Wirkung. Klemens kann nur mit Mühe einen Schreianfall unterdrücken. Sein höhnisches Lachen klingt gepresst: „Das ist aber wirklich nicht dein Ernst, Papa. Das sind doch bitte Rechnungen, die der Jakob schon kann."

Vollends aus der Fassung gerät er, als ich, der ich langsam auch

Spaß am Ärger-Spiel finde, Anna ein Eis als Belohnung verspreche. „Ich pack´s nicht – dafür kriegt sie auch noch was. Für so einen Baby-Test hab ich jedenfalls nie ein Eis bekommen."
In solch „grundsätzlichen" Streitigkeiten bin ich meist auf Annas Seite und vergesse dabei, dass ich – lang, lang ist's her – selber einmal ein großer Bruder gewesen bin: herrschsüchtig, gemein, boshaft. Und tröste mich damit, dass mir meine Geschwister (hoffentlich) längst verziehen haben. Und dass auch Klemens, wenn er einmal erwachsen ist, nicht mehr den großen Bruder spielen muss.

Nächtliches Staubsaugen

Mein ältester Sohn (18) mag viele Dinge: Lesen, lange im Bett bleiben, Fußball spielen, gut und viel essen. Sein Zimmer saugen mag er nicht. Das war nicht immer so. Eines Nachts erwachte er um vier Uhr, ich glaube, er war drei Jahre alt, und sagte mit seiner glockenhellen Stimme: „Staub saugen."
Ich tat so, als hätte ich nichts gehört, drehte mich zur Seite und schlief weiter. Aber es ging nicht. Wieder forderte er, schon ein wenig schriller: „Staub saugen!!!"
Eigentlich hatte ich keine richtige Lust dazu. Also nahm ich ihn auf den Arm, drehte im Schlafzimmer kleine Kreise, sang „Guten Abend, gute Nacht". Immer wieder, bis ich vor Müdigkeit zu taumeln begann, mich aufs Bett setzte und lallte: „… mit Näglein bedeckt …" Mein Sohn allerdings wollte nicht von

Näglein bedeckt sein, er wollte Staub saugen. „Staub saugen! Staub saugen!", brüllte er und machte pantomimisch dazu passende Bewegungen.

Meine tapfere Frau saß bereits hellwach im Bett und flüsterte: „Hast du nicht gehört? Er will Staub saugen!"

Beim ersten Mal kamen wir uns – ehrlich gesagt – schon ein bisschen merkwürdig vor. Zwei erwachsene Menschen, die um ein Kleinkind herumstehen und ihm mitten in der Nacht beim Staubsaugen zusehen.

„Sehr schön machst du das", lobte Astrid und warf mir einen strengen Blick zu: Ich war nämlich nicht ganz bei der Sache gewesen und hatte laut gegähnt.

Als Dominik auch in den folgenden Nächten – pünktlich um vier – „Staub saugen!" schrie, gewöhnten wir uns schnell an die exzentrische Nachtschicht. Bald saß jeder Handgriff auch im Dunkeln: Ich holte das Gerät aus der Speisekammer, Astrid versorgte es mit Strom, und unser Sohn hantierte zufrieden mit dem langen Rohr. Nach exakt zehn Minuten hatte er genug, legte sich ins Bett und schlief fest bis in den Morgen.

Zur Zeit seiner Staubsauger-Phase teilten wir unser Haus noch mit einer alten Frau: Sie bewohnte das Parterre, wir den ersten Stock. Ob sie von unseren nächtlichen Putzaktionen etwas mitbekommen hatte, blieb bis zuletzt unklar. Ich kann mich nur noch erinnern, dass sie tagsüber ihr Fernsehgerät sehr laut eingeschaltet hatte. Vielleicht hörte sie nicht mehr so gut. Vielleicht wollte sie es uns aber auch nur ein wenig zurückzahlen. Wir kamen jedenfalls bestens miteinander aus.

Ja, das waren noch Zeiten. Heute will Dominik schon lange nicht mehr in der Nacht Staub saugen. Und am Tag erst recht nicht.

DA HILFT EINFACH ALLES NIX

Manchmal denke ich, dass Erziehung wahrscheinlich sinnlos ist. Zum Beispiel während des Mittagessens. Seit meine älteren Knaben einwandfrei mit Messer und Gabel umgehen können, und das ist nun schon eine ganze Weile her, sage ich täglich: „Lümmelt bitte nicht so!" Ihre Reaktion ist immer die gleiche: Sie ziehen für Sekunden ihre Ellbogen ein, um sie wenig später wieder auszufahren. Das Spiel beginnt von neuem: „Lümmelt nicht so!" Irgendwann werde ich resignieren und sie auf dem Tisch liegen lassen.

Ein anderes Beispiel. Es geht um die Ordnung in ihren Zimmern. Wenn Astrid sie in ruhigem Ton bittet, ihre Sachen wegzuräumen, sind aus ihrem mürrischen Gemurmel die Worte „später" oder „es ist eh ordentlich" oder „warum schon wieder?" herauszuhören. Niemals würden sie aus eigenem Antrieb damit beginnen.

Aber nicht nur unsere pubertierenden Söhne (18, 17, 16) haben andere Maßstäbe von Ordnung, auch die Kleinen. Der Boden des Kinderzimmers ist knöcheltief mit Lego- und Duplosteinen, Puppenbeinen, Dinosauriern und Ritterhelmen bedeckt. Wer hinein will, muss sich erst einmal eine Schneise in diese exotische Spielzeugwelt schlagen. Darum finde ich es nicht allzu vermessen, dass Anna und Jakob die bunten Bauklötze wieder in die Kisten räumen.

Die Reaktion ist vorhersehbar. Sie stürzen wie vom Blitz getroffen zu Boden, verdrehen die Augen und stoßen schluchzend hervor: „Nicht schon wieder wir …" Meist sind sie ganz unschuldige Opfer elterlicher Erziehungsmaßnahmen: „Wir haben gar nichts ausgeleert. Das war die Sophie." Nun kann Sophie mit ihren vier Jahren alles schon wunderbar herräumen. Zum Wegräumen freilich ist sie noch viel zu klein.

Also kniet ihre Mutter auf dem Boden, die es offenbar Leid ist, ihre Energie in endlosen Diskussionsrunden aufzubrauchen: In den meisten Fällen war es nämlich niemand, der das Kinderzimmer in eine Großbaustelle verwandelt hat – das gehört zu den großen Mysterien in unserer Familie. Aber vielleicht ist es so, dass Puppen und Buntstifte und Kasperltheaterfiguren und Pokémons keine tote Materie sind, sondern ein Eigenleben führen, das noch unerforscht ist.

Ich weiß es nicht. Und ich weiß auch nicht, ob Astrid und ich nicht vielleicht furchtbar spießig und reaktionär sind, wenn wir die lieben Kleinen immer wieder aufs Neue zum Aufräumen ermuntern.

Nur eines weiß ich ganz genau: Geht es um die Ordnung in den Kinderzimmern, stößt unsere Erziehung an Grenzen. Oder anders gesagt: Da hilft einfach alles nix.

Wann sind wir endlich da?

Unser armer, alter Bus

Jedes Jahr im Sommer, bevor wir nach Italien auf Urlaub fahren, stelle ich unseren Bus zum Mechaniker. Er ist schon alt, unser Bus, und rostig ist er auch. Aber ich darf mich nicht beklagen, er hat uns gute Dienste geleistet. Wenn man bedenkt, was er alles zu transportieren hat, allein zehn Räder …

Nur einmal hat er uns im Stich gelassen, als er auf der Autobahn knapp vor Ferrara einfach stehen blieb. Es war zwölf Uhr mittags, und im Radio sang Antonello Venditti *Buona domenica.* Dennoch war es kein schöner Sonntag. Die Straße hatte nämlich keinen Pannenstreifen und die vorbeirasenden Italiener für unseren Boxenstopp wenig Verständnis.

Überschwere Lkw brausten so knapp an unserem Bus vorbei, dass er heftig hin- und herschaukelte, was meinen Kleinen anfangs noch recht gut gefiel. Aber nach zwei Stunden hatten sie dann auch genug. (Zu diesem Zeitpunkt hatte ich meinen Seitenspiegel längst eingeklappt.)

Irgendwann kam auch ein Polizeiauto vorbei. Über den Anblick zweier Carabinieri habe ich noch nie so gejubelt. Ich wäre ihnen um den Hals gefallen, hätte nicht gerade in dem Moment, in dem ich meine Hände ausstreckte, meine kleinste Tochter zu weinen begonnen und gefragt: „Nehmen sie dich mit ins Gefängnis, Papi?" – „Nein, Sophie, die sind ganz lieb, die helfen uns."

Die italienischen Polizeibeamten stellten ihr Auto schützend vor unseren Bus, schalteten das Blaulicht ein und hängten aus ihrem Fenster eine rote Fahne. Dadurch vergrößerte sich der Abstand zwischen uns und den vorbeidonnernden Schwertransportern um entscheidende Zentimeter. Wir schaukelten

nur noch sanft – und ich klappte den Seitenspiegel wieder aus. Nach exakt drei Stunden und siebzehn Minuten sahen wir auf der Gegenfahrbahn einen Abschleppwagen. Wir winkten, schrien, bangten. Die Carabinieri telefonierten weiterhin hektisch. Schließlich standen sie nun auch schon mehr als eine Stunde an unserer Seite, und die Formkrise von del Piero war ausführlich besprochen, der Gesprächsstoff erschöpft.

Da! Am Horizont ein gelbes Licht. Das Licht kommt näher. Vor uns hält ein Pannenfahrzeug!

Auf der Fahrt in die Werkstatt verfluche ich unser Auto. Du mieser, alter Sch…krempel, du … Also, es war wirklich nicht schön, was ich ihn im Stillen alles hieß. Und dabei konnte er gar nichts dafür, unser armer, alter Bus, wie sich wenig später herausgestellt hat: Ich hatte nämlich Benzin statt Diesel getankt.

WANN SIND WIR ENDLICH DA?

Wir fahren am frühen Morgen los. Wir sind noch nicht einmal auf der Autobahn, da fragt Klemens zum ersten Mal: „Wie lange fahren wir noch?" Bis zu unserem Zeltplatz, einem italienischen Geheimtipp, sind es noch schätzungsweise zehn bis zwölf Stunden. Als wir am Wörthersee vorbeikommen, fragt Anna (9) erwartungsvoll: „Ist das schon das Meer?" An der Grenze will Jakob wissen: „Sind wir bald da?" – „Wann sind wir endlich da?", fragt Nikolaus in Tarvis. „Wann sind wir endlich da?", fragt Benedikt in Udine. „Wann sind wir endlich da?", fragt Dominik in Ferrara.

Es ist heiß im Wagen, die Stimmung angespannt. Nur meine Frau ist guter Laune. Sie sagt Kinderreime auf, reicht Getränkeflaschen nach hinten und muss ständig CDs wechseln. Beatles raus – Stones rein – Stones raus – Beatles rein. „Nicht schon wieder die Beatles!" Also Beatles raus und R.E.M. rein.

„Wann sind wir endlich da?" Benedikt fragt bei Bologna, ich lüge schamlos: „In einer Stunde." Über den Apennin wollen die Kleinen das Märchen vom Rotkäppchen hören. Als zum dritten Mal der Wolf die Großmutter frisst, denke ich: „Wann sind wir endlich da?"

Antonia (14) fragt nicht. Sie schläft. Was sie wohl träumt? Vor Florenz wird der Verkehr dichter, plötzlich stecken wir im Stau fest. Ich beobachte im Rückspiegel, wie meine großen Söhne in der dritten Reihe um die letzte Flasche Cola kämpfen.

Jakob (6) kann Rotkäppchen nun auswendig und brüllt mir das unsterbliche Märchen der Gebrüder Grimm ins linke Ohr, in mein rechtes Mick Jagger „Satisfaction". Neben mir steht ein Kleinwagen. Ein Mann kurbelt das Fenster herunter: „Wann sind Sie denn endlich da – die armen Kleinen …" – „In einer Stunde!" Plötzlich schreit Anna. In ihrem blonden Haar klebt ein Fruchtbonbon. Von ihren Brüdern will es keiner gewesen sein. Ich brülle etwas von „Umkehren". Meine Frau bleibt weiterhin gelassen, schneidet mit einer Nagelschere das Bonbon aus dem Goldhaar. Antonia erwacht: „Wann sind wir endlich da?" – „In einer Stunde!" Es ist zwölf Uhr Mittag, die Temperatur im Bus klettert auf 45 Grad. Meine Augen brennen, die Hitze flirrt. „Warum hast du so große Augen? … Satisfaction … Wann sind wir endlich daaa???"

Vor mir Blau, nichts als Blau – Himmel oder Meer –, ich fahre einfach drauflos. Das Blau kommt näher, immer näher. „Wir sind da!!!"

Wie in Trance schlage ich die Heringe unserer Zelte ein. Und schlafe zwölf Stunden durch. Meine Frau allerdings will beobachtet haben, dass ich mich im Schlaf immer wieder wild hin- und hergeworfen und gestammelt habe: „Wann sind wir endlich da?"

Mit Kindern im Paradies

Die lange Fahrt über holprige Steinstraßen hat sich wirklich gelohnt: Ich schaue auf die sanften Hügelketten, den Weinberg, einen von einem kleinen Pinienwald umschlossenen See, die endlosen Sonnenblumenfelder – ein Stück Paradies. Der Wirt der kleinen Trattoria heißt uns willkommen, zu essen gibt es allerdings erst ab 20 Uhr. Die Wartezeit zu überbrücken, scheint kein Problem zu sein: Blitzschnell nehmen unsere Kinder das Areal in Beschlag, während meine Frau und ich in der milden Abendsonne mit einem Glas Hauswein auf das Wohl meines Studienkollegen anstoßen, der uns diesen Geheimtipp gegeben hat.

Die Vögel zwitschern, der Wind rauscht sanft in den Blättern der alten Eichen – da wehen plötzlich vom Spielplatz nur allzu bekannte Klagelaute herüber, die das Idyll der toskanischen Abendstimmung empfindlich stören: „Papa, Dominik und Benedikt lassen uns nie hutschen." Unsere beiden ältesten Söhne, die in wenigen Wochen die achte bzw. siebente Klasse des Gymnasiums in Angriff nehmen werden, sitzen einträchtig nebeneinander auf den einzigen Schaukeln. Meine Frau macht einige Schnappschüsse von diesem möglicherweise unwiederbringlichen Motiv, während auf der anderen Seite des Gartens Nikolaus und Klemens um einen Basketball streiten; Jakob möchte nur kurz das kleine Hündchen streicheln, wird von diesem jedoch mit spitzen Zähnen recht unsanft in die Hand gebissen. Er weint, ist jedoch noch genügend bei Kräften, um Sophie vom Traktor zu drängen.

Inzwischen hat der freundliche Padrone die Pasta serviert. Dabei stellt sich heraus, dass Dominik lieber keine „Gnocchi ai

quattro formaggi" hätte, sondern „Penne all'arrabiata" so wie Benedikt, der seinerseits aber zu keinem Tausch bereit ist, während Nikolaus und Klemens ihre Nudeln (Bichi al ragú bzw. Pappardelle al pomodoro) ohne weitere Diskussion austauschen. Antonia, Anna und Jakob sind mit ihrer Wahl (Tagliatelle al cinghiale) voll daneben gelegen, stochern nun missmutig in ihren Nudeln und schielen begehrlich auf mein Bistecca al limone. Nach kurzem inneren Kampf gebe ich mein Schnitzel für drei Teller mittlerweile lauwarmer Teigwaren her. Sophie will selber Arranciata in ihr Glas füllen und schüttet den gesamten Inhalt des Kruges über das Tischtuch.

Ich betrachte entrückt die sanften Hügelketten, den Weinberg und den kleinen See in der untergehenden Abendsonne. Und denke mir: Irgendwann will ich hierher zurückkommen – aber dann ohne die lieben Kinder.

SANDBURGEN UND MUSCHELN

„Papa, bau mit mir eine Sandburg!" Täglich fordern mich meine lieben Kleinen im Urlaub dazu auf. Da ich kein Spielverderber sein will, rappele ich mich von meinem Liegebett hoch und hocke mich in den Sand. Bewundernd und ein wenig neidisch blicke ich zum Nachbarn zu meiner Rechten: Mit flinken Fingern formt er Turm um Turm, Zinne um Zinne. Er ist von seiner Bautätigkeit so gefangen genommen, dass er den Sonnenbrand auf seinem Rücken gar nicht spürt. Er schwitzt, teilt seinen Sohn für kleine Hilfsdienste ein und hebt zuletzt um die mächtige Burg einen Wassergraben aus.

Auch mein jüngster Sohn hat das prächtige Kunstwerk entdeckt: „Papa, genau so eine will ich auch!"

Nun sollte ich vielleicht an dieser Stelle anmerken, dass ich nicht zu jenen Vätern zähle, die mit der Eisenbahn eigentlich lieber spielen als ihre Kinder oder aus vielen Holzteilchen filigrane Segelflugzeuge herstellen. Leider regt sich in mir bei diesen Tätigkeiten nicht das Kind im Manne.

Warum ich mich jedoch nur schwer für das Buddeln im Sand motivieren kann, ist leicht erklärt: Ich mag den Sand nicht. Vielleicht hängt meine Abneigung damit zusammen, dass ich in meiner Kindheit niemals in einer Sandkiste saß und keinerlei Erinnerungen an Sandkuchenbacken oder Tunnelgraben habe. Auch bekam ich meines Wissens niemals vom Osterhasen Sandspielsachen. Meine Kinder hingegen bekommen jedes Jahr vom Osterhasen Sandspielsachen und wollen nun – verständlicherweise – damit spielen, und zwar zusammen mit mir. Also grabe ich Löcher, oft mit bloßen Händen, sodass auch am Abend noch der Sand unter den Fingernägeln klebt. Am liebsten baue ich schlichte Hügel, von denen meine Kinder bunte Glasmurmeln in einen kleinen See rollen lassen. Da das stehende Gewässer ständig vom Austrocknen bedroht ist, müssen sie immer wieder Wasser holen.

Plötzlich findet Jakob eine Muschel und beginnt weitere zu suchen. Auch Anna und Sophie füllen ihre Küberln nicht mehr mit Wasser. Als sie von ihrer Suchexpedition zurückkommen, ist der Murmelhügel vom Wind verweht und der See im Sand verschwunden.

In diesem Mikrokosmos eines Ferientages am Meer spiegelt sich für mich der Weltenlauf vom Werden und Vergehen, vom Aufbauen und Einstürzen, Wiederaufbauen und Wiedereinstürzen wider. Meine Kinder haben andere Gedanken.

Ich soll nun gemeinsam mit ihnen aus vielen bunten Muscheln verschiedene Muster machen. Ein neues Spiel beginnt …

Kampf mit dem Drachen

Immer, wenn wir in Italien sind, dürfen sich meine Kinder eine Kleinigkeit zum Spielen kaufen. Lange Zeit war ein Polizei-Set sehr beliebt. Es bestand aus einer Pistole, einer Trillerpfeife und einem Paar Handschellen. Kein Sommer verging, ohne dass ich nicht den Kauf zumindest einer Angel finanziert hätte.

Heuer wollte meine kleinste Tochter einen Drachen haben. Sie suchte sich einen aus mit blau-weißen Punkten und roten Bändern. Er war nicht sehr groß und hing an einer 30 Meter langen Schnur. Die Windverhältnisse waren günstig, also liefen wir gleich damit an den Strand. Dort saß in einem Liegestuhl ein älterer Mann. In der einen Hand hielt er ein Buch, in der anderen ein dünnes Plastikseil, an dessen Ende sich ein Drache befand. Er flog nicht, er stand in der Luft. Majestätisch ruhig. Senkrecht über seinem Besitzer. Neben dem Mann lag lässig

ein kleiner Bub und schaute in den Himmel. Auch er ließ seinen Drachen steigen, dann pfeilgerade abstürzen, drehte ganz knapp über dem Boden einen Looping und zog ihn in langen Schleifen über die Sonnenschirme hinweg. Holte ihn wieder ganz nahe zu sich heran, ließ ihn wieder weg. Ein faszinierendes Schauspiel.

Sophie und ich waren sehr aufgeregt, als wir unseren Drachen aus der Verpackung lösten. Die Bänder flatterten lustig im Wind. Ein paar Schritte lief ich, dann ließ ich ihn los. Rasend schnell rollte sich die Schnur von der Kurbel. Der Drache stieg kerzengerade in die Höhe, um Sekunden später – in ungewolltem Sinkflug – in die Tiefe zu stürzen. Er landete auf einer Betonplatte, der Holzrahmen war augenblicklich abgeknickt. Meine kleine Tochter und ich waren uns sofort einig, dass unser Drache für die Windverhältnisse doch zu filigran gewesen war. Also kaufte ich den größten, der im Strandgeschäft zu bekommen war. Er hatte vier Schnüre, die 80 Meter lang waren, und man benötigte beide Hände.

Schon beim Auswickeln verhedderten sich schlimm die Schnüre. Für das Entwirren brauchte ich so lange, dass sich Sophie zu langweilen begann. Ich schickte sie zum Eisgeschäft. Währenddessen arbeitete ich fieberhaft an der Entflechtung des Knotens. Zu gerne hätte ich einen Probeflug versucht, allein es kam nicht dazu. Sophie war wieder zurück und hatte inzwischen das Interesse an ihrem Drachen gänzlich verloren.

Sie ging zurück zum Zelt, drehte sich noch einmal um. Sah noch einmal in den Himmel zu den beiden Drachen hinauf und dann hinunter auf den Boden: Dort hockte ihr Vater und kämpfte unverdrossen gegen einen Knoten. Im Sand lag ein großer Drache.

WIE IST DAS WETTER DAHEIM?

Manchmal liege ich am Strand, kein Wölkchen steht am Himmel und ein angenehmer Wind streicht sanft um meinen Sonnenschirm. Da denke ich: Jetzt könnte ich einmal meinen Freund Georg anrufen, weil ich wissen will, wie das Wetter gerade ist. Und dann freue ich mich ein bisschen, wenn ich von ihm erfahre: Zu Hause regnet es. Aber ich lasse mir natürlich nichts anmerken und sage: „Ach, du Armer, regnet es schon wieder? Also hier habe ich noch keine Wolke gesehen." Und dabei creme ich meinen Bauch mit Sonnenöl ein und sage noch: „Schade, dass du nicht auch da sein kannst ... Immer nur Sonne, kannst du dir das überhaupt vorstellen?" – Ganz richtig, das ist nicht nett von mir.

Dann lasse ich mich auf mein Badetuch zurückfallen, schaue in den Himmel, kann immer noch keine Wolke entdecken und räkle mich zufrieden: Wie gut geht es mir doch! Seit Jahren habe ich meinem Freund von unserem unbeschwerten Zeltleben vorgeschwärmt. Im letzten Sommer kam er uns besuchen. Sie müssen wissen, dass er am liebsten in Bad Aussee Urlaub macht. Ausgerechnet in Bad Aussee, wo es so viel regnet wie in fast keiner anderen Stadt in Österreich!

Einmal keinen Schirm einpacken müssen, dachte er, keinen Regenmantel, keinen Pullover. Einmal wollte auch er unter freiem Himmel schlafen, in der Hängematte oder einfach nur im Schlafsack auf dem Boden, und den Fledermäusen bei ihrem lautlosen Flug zusehen.

Als er kam, war der Himmel wolkenverhangen und der Wind empfindlich kühl. Wir hockten im Vorzelt und tranken heißen Tee. Am Abend begann es leicht zu regnen.

Am Morgen regnete es immer noch. Wir tranken heißen Tee im Stehen, weil die Campingsessel stark durchnässt waren. Ich hoffte auf ein bisschen Sonne, damit unsere feuchten Schlafsäcke trocknen könnten. (Unser Zelt ist mehr als 40 Jahre alt und offenbar nicht mehr ganz wasserdicht.)

Wir unterhielten uns über mancherlei: über Michael Schumacher und die Krise an der Börse. Über die neue Buhlschaft bei den Salzburger Festspielen. Über das Wetter sprachen wir nicht. Aber ich dachte mir: Fünfzehn Jahre fahren wir nun schon hierher – und noch nie hat es geregnet.

Nach drei Tagen reiste er wieder ab. Ich hatte ihn mit einem Sonnenschirm zu seinem Auto geleitet, weil der Regen heftiger geworden war. Campieren sei doch nicht seine Sache, sagte er zum Abschied.

Anderntags rief er mich auf meinem Handy an: „Melde mich aus Bad Aussee. Strahlender Sonnenschein." Mehr sagte er nicht. Aber ich wusste, was er sich dachte.

SONNIGE URLAUBSGRÜSSE

Vor 25 Jahren, als ich noch ein junger Lehrer war, bekam ich einmal in den Sommerferien 37 Ansichtskarten von meinen Schülern.

37 Karten! So viele habe ich in den letzten zehn Jahren zusammengerechnet nicht mehr bekommen. Damals schickten Schüler noch Grüße aus ihrem Ferienort: „Sonnige Urlaubsgrüße schickt Ihnen Ihr Schüler Patrick." – „Wie geht es Ihnen? Mir geht es gut. Ich bin schon ganz braun." – „Von meinem Sprachaufenthalt in England the best wishes."

Beliebt waren auch Breitwand-Panorama-Ansichten mit Strand und Hotel, die mit Kuli-Kreuzerln und Pfeilen versehen waren. „Blick vom Balkon unseres Apartments" – „Hier habe ich gestern das beste Pistazieneis der Welt gegessen" – ein Kreis markierte eine Stelle im weißen Sand.

Auch wenn der Informationswert unterschiedlich hoch war, freute ich mich über jede Karte und beantwortete sie auch. Zugegeben: Das war harte Arbeit, auch wenn ich auf jede Karte denselben Text schrieb – mit der Schlusszeile: „Auf ein Wiedersehen im Herbst freut sich schon dein Klassenvorstand."

So etwas würde meine liebe Frau nie tun. Allein das Aussuchen geeigneter Ansichtskarten bereitet ihr große Freude und kann sich über Tage hinziehen. Wenn Astrid eine Karte bereits in der Hand hält, heißt das noch lange nicht, dass sie sie wirklich kauft. Meistens findet sie bald ein Motiv, das ihr noch besser gefällt. Also steckt sie die erste Karte zurück, setzt mit der zweiten ihren Rundgang fort, steckt auch diese zurück. Nimmt eine nächste usw. Das Spiel kann eine Stunde dauern, ehe sie mit leeren Händen zu mir kommt, der auf einer Bank sitzt und unbeweglich aufs Meer hinausschaut.

„Warum hast du keine gekauft?", frage ich. „Ich will nicht beim erstbesten Kiosk eine Ansichtskarte kaufen. Wir kommen ja noch an vielen vorbei." Nie noch, glaube ich, hat sie beim ersten Kiosk eine Karte gekauft.

Manchmal fällt ihr die Wahl so schwer, dass sie bis zum letzten Tag zuwartet. Dann erwirbt sie ein Dutzend Postkarten (darunter ist auch die eine oder andere, die sie bereits am ersten Tag in Händen gehalten hat). Es kommt immer wieder vor, dass sie keine Zeit mehr hat, sie am Urlaubsort zu schreiben. Also schickt sie sie zwei Tage nach unserer Heimkehr in Graz ab. Oft hat sie mit dem Adressaten bereits telefoniert, ehe die Karte ankommt.

Wenn ich sie auf diesen Umstand aufmerksam mache, meint sie nur: „Jeder freut sich über eine Urlaubskarte in seinem Briefkasten." Womit sie wie immer Recht hat.

Krokodile zu verkaufen

Voriges Jahr hatte ich überraschend zügig unser Gepäck im und auf dem Bus verstaut sowie im Anhänger. Allerdings fehlten dann auf dem Campeggio zwei Campingsessel (die Kleinsten hockten also während der Mahlzeiten abwechselnd auf einem Plastiktraktor oder einer kurzen Stehleiter), eine Dalmatiner-Luftmatratze, Antonias riesige, aufblasbare Palme (mit leicht defekter Banane) und sechs Taucherbrillen. Es gab damals viele Tränen – und augenblicklich vor Ort gekaufte bunte Taucherbrillen, womit sich unser Bestand auf insgesamt zwölf Stück erhöhte.

Heuer lud ich sicherheitshalber alles auf, was an Campingutensilien in unseren beiden Garagen lagert. Die Packerei dauerte länger und der Aufbau der Dachgalerie war bedeutend höher. Aber die Mühe lohnte sich: Was gab's dann auf dem Zeltplatz für ein lustiges Wiedersehen! Vieles längst verschollen Geglaubte tauchte wieder auf. Allein unser Sortiment an Sandspielsachen war beeindruckend – ich zählte beispielsweise 14 rote, gelbe, blaue und grüne Rechen. Auch für das Meer waren wir bestens gerüstet. Luftmatratzen, das kleine und große Schlauchboot (sogar mit dazu gehörigem Paddelset), Schwimmreifen und die riesige Palme (mit leicht defekter Banane).

Die bald verstreut in unserem Zelt-Claim umherliegenden Krokodile und Delphine hatten allerdings ihre Tücken: Sie mussten aufgeblasen werden. Obwohl einige intakte Blasebälge zur Verfügung standen, blieben alle Schwimmhilfen (sieht man von zwei Luftmatratzen ab) die ganze Urlaubszeit hindurch trostlos schlapp. Nur Klemens (11) versuchte sich einmal am großen

Schwimmreifen, resignierte jedoch knapp bei der Hälfte – seinen Geschwistern stand der Aufwand offensichtlich nicht dafür: So kam die riesige Palme (mit leicht defekter Banane) nicht einmal aus ihrer Schutzhülle heraus.

Lediglich zwei Sandküberln und zwei Schauferln wurden täglich mit ans Meer genommen.

Mein Vorschlag, auf dem Campeggio einen kleinen Flohmarkt einzurichten, wurde freilich von meinem Nachwuchs entrüstet zurückgewiesen: Niemals würden sie sich auch nur von einem der drei Krokodile trennen. Zurzeit liegen sie wieder in der linken Garage und warten auf eine neue Chance im nächsten Jahr. Wenn es nach mir geht, kommt es nicht mehr dazu, sondern noch vor dem Herbst zu einer radikalen Entrümpelung unserer Strandaccessoires (die allesamt äußerst preisgünstig zu haben sind).

Für alle Interessenten ein kleines Zuckerl: Die riesige, aufblasbare Palme (mit leicht defekter Banane) gibt's nicht nur kostenlos. Ich stelle sie auch gratis zu.

ICH WILL WIEDER NACH HAUSE

Jedes Jahr, wenn wir in den Urlaub fahren, sagt Astrid zu mir: „Aber diesmal bleiben wir drei Wochen!" Wir wollen weg von der Stadt - in den Süden. Wir haben den Regen satt, möchten im heißen Sand stundenlang in die Sonne schauen. Und an einem lauen Abend, wenn die Kinder im Lunapark oder in der Sala Giochi sind, an einem Glas Chianti nippen. Und Pinienkerne knabbern, weil sie einfach ganz anders schmecken als daheim. Oder in einem abgelegenen Ristorante in der Toskana diesen wunderbar würzigen Cappuccino schlürfen.

Tapetenwechsel! Raus aus unserem Haus - rein ins Zelt. Wieder einmal Mutter Erde ganz nahe sein: Auf der Luftmatratze im Schlafsack liegen, neben mir nur eine Taschenlampe, für alle Fälle. Eintauchen in das hundertfache Zirpen der Grillen – und in die laute italienische Musik aus der Karaoke-Bar …

Und morgens dann unter die Dusche. Das Wasser ist zwar nur lauwarm, aber was macht das schon? Und vor einem bespritzten Spiegel stehend die Bartstoppeln rasieren, links ein Fremder, rechts ein Fremder, die einem dabei zusehen. Das gehört zur Camping-Romantik dazu.

Es ist alles so anders weit weg von der Heimat. Man fühlt sich so frei, wenn man den ewig gleichen Trott hinter sich gelassen hat. Nach den ersten Urlaubstagen denke ich: Hier könnten wir für immer bleiben.

Aber nach einer Woche beginnt mich mein Rücken zu schmerzen, weil meine Luftmatratze morgens immer etwas schlapp ist. Und ich denke erstmals an mein Bett, nur ein bisschen, aber immerhin.

Und die Panini, auf die ich mich anfangs richtig gestürzt habe,

kommen mir plötzlich seltsam trocken vor. Aber nirgendwo kriegt man ein Schwarzbrot oder ein Mohnweckerl oder ein Salzstangerl.

Und die tägliche Pasta hängt mir, ehrlich gesagt, auch schon zum Hals heraus. Nach zwei Wochen in Italien sehne ich mich nach einem Wienerschnitzel und einem Erdäpfelsalat mit Kernöl. Und nach unzähligen prächtigen Zypressen und Palmen und Pinien freue ich mich auf den alten Kirschbaum in unserem Garten. Und auf meine kleine Nasszelle, die ich ganz allein benützen kann. Und auf die Spiele der Fußball-Bundesliga und Ivica Osims unergründlich-mürrische Miene. Und auf unser großes Bett, in dem neben Astrid und mir leicht zwei Kinder Platz finden. Und auf den Kaffee aus meiner verkalkten Espressomaschine.

Es sind gerade zwei Wochen um – und ich will wieder heim. Aber wie sage ich es meiner Frau?

Da kommt mir Sophie, die eines Abends bitterlich weint, zu Hilfe: „Ich will nicht mehr im Meer schwimmen, sondern zu Hause in meinem Plantschbecken …"

LIRE-SCHEINE IM NUDELTOPF

Meine Frau ist ein Mensch, der mit beiden Beinen im Leben steht: optimistisch, energiegeladen und mutig. (So bewegt sie sich auch noch spätabends außer Haus und fürchtet sich nicht vor Überfällen.) Obendrein ist sie auch noch äußerst kreativ. Da in unserem kleinen italienischen Ferienort keine Möglichkeit besteht, Geld zu wechseln, haben wir immer viele Lire-Scheine im Zelt. Diese im Tresor bei der Rezeption zu hinterlegen, scheint meiner Frau zu einfallslos. Deshalb denkt sie sich Jahr für Jahr neue Verstecke für die italienischen Banknoten aus. Im letzten Sommer bewahrte sie sie gerne im Nudeltopf, im Sack mit den Ersatzheringen oder im Polsterüberzug des Reisegitterbettes auf.

Heuer lag ein Kuvert unter der Mortadella im Eiskasten, ein weiteres in meinem linken Tennisschuh, ein drittes baumelte,

als Gelsenklatsche getarnt, lustig vom Dach des Innenzeltes. Überflüssig zu erwähnen, dass selbst meine Frau mitunter den Überblick über ihre raffinierten Verstecke verliert. Wenn wir unseren Claim abbauen, machen wir immer wieder freudige Entdeckungen: Mit einem Briefumschlag unter der schweren Gasflasche hatte ich eigentlich nicht gerechnet.

Dieses durchaus reizvolle Versteckspiel hatte Astrid heuer erstmals auf Gegenstände ausgeweitet. Allerdings vergrub sie meine neue Digitalkamera, die bedauerlicherweise nicht verwendet werden konnte (ich hatte den Akku zu Hause gelassen), so gut, dass sie beim Zusammenpacken – trotz penibelster Suche – nicht gefunden werden konnte.

Der böse Verdacht lag in der Luft, dass in Italien also leider doch … was ich immer schon gesagt habe … eigentlich ganz besonders viel … Zum 15. Male waren wir nun schon auf diesem Campeggio – und noch nie war etwas weggekommen. Und nun das!

Der Abschied von unseren Zeltnachbarn fiel darum heuer um einiges kühler aus als sonst. Irgendwie kam mir der Pensionist aus Terni ganz besonders verdächtig vor. Gedrückt verließen wir unser kleines Ferienidyll, müde kamen wir um fünf Uhr früh zu Hause an. Wie immer füllte meine Frau gleich die erste (von insgesamt 18) Waschmaschinentrommeln mit Schmutzwäsche. Da kollerte ihr aus einem Wust von Socken, T-Shirts und Badehosen meine Filmkamera vor die Beine. Ich war sehr erleichtert. Erstens hätte ich mein Geburtstagsgeschenk doch gerne wenigstens einmal in Betrieb genommen, zweitens war das Vertrauen in unsere italienischen Bekannten restlos wiederhergestellt. Bella Italia, wir kommen auch im nächsten Jahr!

Das Schwammerlgulasch

In Olympos, einem dieser strahlend-weißen Bergdörfer auf der griechischen Insel Karpathos, ruft mir aus einer kleinen Taverne eine Frau, die ich noch nie gesehen habe, zu: „Aha – und wo sind die Kinder?" Ich komme mir ein wenig ertappt vor. Zerknirscht murmle ich, sie seien zu Hause, einmal im Jahr verreise ich allein mit meiner Frau, nur für ein paar Tage. „Na ja, ich kann ja am Sonntag in der Zeitung lesen, ob das gut gegangen ist."

Es scheint mir, als würde in ihrer Stimme ein gewisser Vorwurf mitschwingen. Jedenfalls ist meine gute Urlaubsstimmung getrübt. Sind wir nicht doch Rabeneltern? Den Kleinen fehlt es ja schließlich an nichts, die sind bei ihren Großeltern. Da können sie Eis essen, soviel sie wollen, und Schokolade und Kekse holen aus der so genannten „Schmauslade", die sich immer wieder geheimnisvoll von Neuem füllt.

Aber die Großen? Werden sie wohl satt werden? Die riesigen Töpfe mit vorgekochtem Sugo und Schwammerlgulasch würden ja für ein paar Tage reichen. Aber was dann? (Dass meine Frau noch einen Zettel dazulegte, auf den sie schrieb „Auf kleiner Flamme unter ständigem Rühren aufwärmen", fand ich, ehrlich gesagt, ein bisschen übertrieben. Schließlich hatte unser Ältester im Sommer erfolgreich maturiert und würde wohl wissen, wie man sich ein Schwammerlgulasch wärmt.)

Astrid greift zum Handy. Aber es hebt wieder einmal niemand ab. Einmal klappt es schließlich. Es gehe ihnen prächtig, meint Nikolaus, alles sei in bester Ordnung. Irritiert ist er nur über unsere baldige Rückkehr. Er hat damit gerechnet, dass wir einen Tag später kämen – und sie einen Tag länger Zeit hätten für

die angefallenen Instandsetzungsarbeiten in Haus und Garten.
Wir kommen nach Hause, und keiner unserer großen Söhne ist
da. Dafür riecht es unangenehm im Stiegenhaus. Wir gehen in
den ersten Stock, der Geruch wird stärker. Wir schnüffeln, suchen, kommen in die Küche. Astrid nähert sich dem Herd: Da
stehen zwei Töpfe. Einer mit Schwammerlgulasch, der andere
mit Sugo. Beide völlig unberührt. „Was haben sie wohl gegessen?", fragt Astrid, während sie den Inhalt der beiden Töpfe in
den Biomüll kippt. (Ihr tut es – wie mir scheint – vor allem um
das Schwammerlgulasch Leid.)
Ich will ein heißes Bad nehmen, aber es geht nicht. Die Bade-
wanne ist voller leerer Pizzaschachteln. Drei Stöße, die bis an
die Decke reichen.
„Ich weiß, was sie gegessen haben: Pizza Margherita!", rufe ich
Astrid zu. „Zum Frühstück Pizza, zu Mittag Pizza und am
Abend Pizza." Sie läuft zu mir und beginnt zu zählen, fassungslos: Es sind exakt 84 Kartons.

Der große Christbaum

DIE BELEUCHTETEN HÖRNER

Aus der Hand voll Fotografien, die wenige Stationen meiner Kindheit dokumentieren, hat sich mir eine besonders eingeprägt: Es ist eine Schwarzweißaufnahme aus den 50er-Jahren, auf der ich vielleicht sechs Jahre alt bin. Während mein jüngerer Bruder tapfer und gefasst auf dem Fauteuil sitzt, hätte ich mich am liebsten hinter meiner Mutter verkrochen; ich klebe förmlich an ihr, die Augen kläglich und angstvoll auf den vor mir stehenden Nikolaus gerichtet, der aus einem goldumrandeten Buch vorliest. Vom Krampus ist nur eine zottige Faust zu sehen, in der er eine mächtige Rute hält.

Die Nikolofeiern in meinem Elternhaus waren ein Zauber aus Vorfreude, Schauder und beglückender Erleichterung. Es konnte passieren, dass am 5. Dezember nicht nur der bestellte

Höllenbartl in unser Haus stürmte, sondern auch zuvor noch nie gesehene andere wilde Gesellen, die das Wohnzimmer erst verließen, wenn sie von meinem Vater einen Zwanziger erhalten hatten. Wie bewunderte ich meinen Vater, der sich vor uns Kinder hinstellte als unbezwingbare, rettende Schutzmacht, um zu verhindern, dass wir in die auf dem Rücken getragene „Kraxn" gesteckt werden konnten.

Einmal tauchte ein Krampus auf, dessen Auftritt mir noch nach mehr als vierzig Jahren unvergesslich ist: Er konnte nämlich mittels in den Hörnern verborgener Lämpchen diese in grässlichem Rot erstrahlen lassen. Maridi, ein junges Mädchen aus Eugendorf bei Salzburg, das bei uns als Dienstmädchen (heute: Hausgehilfin) arbeitete und naturgemäß vom Teixl immer die meisten Rutenstreiche abbekam, war von diesem – aus heutiger Sicht – völlig harmlosen Gag besonders fasziniert, so dass sie immer wieder bat: „Beleuchten Sie bitte noch einmal Ihre Hörner!"

Die Nikolofeier (der Begriff „Krampus-Tag" existierte damals noch nicht – schließlich gibt es ja auch keinen „heiligen Krampus") dauerte oft bis in die späten Abendstunden: Dann löste sich die Spannung und es herrschte Gewissheit, dass kein teuflischer Gast mehr zu erwarten war.

Als Jahre später die Wahrheit herauskam, dass nämlich der heilige Nikolaus auf dem Foto in Wirklichkeit ein Gendarmeriebeamter aus Gratkorn war und der Krampus ein Hauptschuldirektor aus Frohnleiten, lag ein Stück meiner Kindheit bereits hinter mir.

Lang, lang ist's her, doch stehen in diesen Tagen alle wieder klar vor mir: der majestätische Nikolaus, der Krampus mit seinen beleuchteten Hörnern und mein Vater, der alle beschützt.

NIKOLAUS IM STOCKBETT

Um den Besuch des heiligen Nikolaus ranken sich viele Legenden und Geschichten. Wie die von meinem Bekannten Kurt, der im Vorjahr seine gesamte Verwandtschaft zu sich eingeladen hatte. Im Wohnzimmer saßen 27 Menschen, große und kleine, und warteten mit Spannung auf das Kommen des Heiligen, der von einer spürbaren Nervosität erfasst war. Er versuchte sie zu überspielen, indem er auf die Informationen bezüglich der Kinder formelhaft immer den gleichen Satz zur Antwort gab: „Das freut mich sehr!"

„Der Georg hilft der Mama schon brav beim Einkaufen." – „Das freut mich sehr!" „Und die Erika deckt oft den Tisch." – „Das freut mich sehr!" Bereits im Weggehen erblickte er die Großmutter, die ihre rechte Hand in Gips trug. Von standesgemäßem Mitleid gepackt, erkundigte er sich nach ihrem Befinden. „Leider tut sie mir in der Nacht oft höllisch weh", antwortete die alte Frau. „Das freut mich sehr!", gab der Heilige ein letztes Mal zum Besten und verschwand.

Auch mein einmaliges Gastspiel in der Rolle des Nikolos habe ich als nicht gerade gelungen in Erinnerung. Es liegt mehr als 20 Jahre zurück, da war ich bei einem Kollegen, der zwei kleine Kinder hatte, engagiert. Der Bischofsornat passte wie angegossen, der Bart klebte fest, den Stab umspannte entschlossen meine linke Hand. Gemessenen Schrittes betrat ich das Zimmer, nickte allen Anwesenden würdevoll zu und fragte ein wenig fantasielos: „Nun, wart ihr auch alle brav?" Worauf der kleinere der beiden Buben wie aus der Pistole geschossen erwiderte: „Nein, der Papa war schlimm, er streitet immer mit der Mama, und wenn er dann ..." Es war gar nicht leicht, den

lieben Kleinen einzubremsen. Ziemlich hastig verließ ich damals das gastliche Haus.

Ganz im Gegensatz zu jenem Nikolaus, der im Vorjahr meine Familie besuchte. Offenbar fühlte er sich bei uns auf Anhieb wohl, sodass er Stab und Sack an die Wand lehnte und an unserem Tisch Platz nahm. Er kostete von unserer Jause, trank Tee mit Rum in langen Zügen. Dann begann er, mit übergeschlagenen Beinen und in breitem Kärntner Dialekt, aus seinem goldenen Buch zu lesen. Eine feierliche Stimmung wollte nicht so recht aufkommen – vielleicht lag das an seiner ungewohnten Sitzposition. Meine Kinder registrierten sein Verhalten mit einem gewissen Befremden. Nur mein jüngster Sohn, der ein weites Herz hat, zeigte Verständnis: „Lieber Nikolo, wenn du müde bist, kannst du in meinem Stockbett übernachten."

Einen Augenblick lang zögerte der Himmelsbote – schließlich entschloss er sich aber doch zum Aufbruch.

BRIEFE AN DAS CHRISTKIND

Briefe ans Christkind sind Dokumente der Zeit. Während auf der Wunschliste meiner Kinder Pokémons, Skater-Pullis oder Snowboard-Handschuhe ganz oben stehen, wünschten mein Bruder und ich uns regelmäßig zu Weihnachten Artikel für unsere Märklin-Eisenbahn. Wochenlang tüftelten wir an Hand eines Katalogs, wie wir möglichst auf den Schilling genau den vom Christkind vorgegebenen Rahmen von 500 Schilling ausschöpfen könnten: „Liebes Christkind! Bitte bring uns zwölf runde und sechs gerade Schienen, zwei elektrische Kreuzungen und ein Signal."
Ein einziges Mal mussten wir eine Kreuzung weglassen, weil mein Bruder, der als drittes von fünf Kindern oft Hosen und Pullover nachtragen und sich mit gebrauchten Spielsachen begnügen musste, eine Extrabitte hatte: „Ich wünsche mir

24 Farbstifte und sonst nichts. Und wenn es geht, ungefähr 16 Zentimeter lang." Darunter zeichnete er sie in Originalgröße auf – offenbar war ihm die Länge sehr wichtig gewesen.

Ein Geschenk, das einmal meine Schwester bekommen hat, ist mir unvergesslich, obwohl seit damals mehr als 45 Jahre vergangen sind. Es war ein kleiner Glaskasten, in dem aufgespießte Schmetterlingsmumien zur Schau gestellt wurden. Unter den prächtigen Exemplaren – ich erinnere mich noch an den Anblick eines schön gespannten Aurorafalters, des Tagpfauenauges und des Trauermantels – war auch ein kleiner Zitronenfalter, früher einmal erster Vorbote des Frühlings, herbeigesehnt und majestätisch an einem vorbeischaukelnd, heute leider nahezu verschwunden wie viele mit ihm. Als meine Schwester das besondere Geschenk auswickelte, beobachtete ich meinen Vater, der mit unverhohlenem Stolz und großer Vorfreude einen Jubelruf erwartete. Aber nichts davon geschah. Meine Schwester begrüßte das farbenschimmernde, für sie jedoch seltsame Schaustück mit einer leise enttäuschten Wehmut in der Stimme und sagte: „Hat die alle das Christkind umgebracht?" Die Versicherung, dass das Christkind so etwas wohl nie tun würde, zerstreute freilich schnell ihre Bedenken.

Lange Zeit hatte der Schaukasten allerdings nicht Bestand, denn die kindliche Neugier trieb uns Brüder, die Glasplatte zu entfernen, um die mumifizierten Tiere genauer untersuchen zu können. Schnell zerfielen sie zu Staub, und das Geschenk war wertlos geworden – wie viele andere auch, die in all den Jahren unter dem Christbaum gelegen waren und die ich längst vergessen habe.

Aber die Worte meiner Schwester weiß ich noch und werde ich immer wissen ...

Der grosse Christbaum

Als meine Geschwister und ich schon in einem Alter waren, in dem man nicht mehr an Wunder glaubt, machte mein Vater den Vorschlag, versuchsweise einmal einen kleineren Christbaum zu schmücken. Doch der einmütige und harsche Protest von uns fünf Kindern ließ ihn schnell von seinem Plan abkommen. Lieber hätten wir auf das eine oder andere Geschenk verzichtet als auf ein paar Zentimeter des Baumes. Und da wir hohe Räume hatten, musste er exakt 380 Zentimeter lang sein und an der Decke anstoßen.

Um den Christbaum gab es in unserer Familie einen regelrechten Kult. Am Heiligen Abend wurde er von allen Seiten staunend betrachtet und nach altbekannten, aber auch neuem Zuckerwerk abgesucht. Wir entdeckten Papageien, Golddukaten, Tannenzapfen, Schirme, Scheren, Pantoffeln sowie die von allen heiß begehrten Frösche – alles aus feinster Schokolade. Es galt als ungeschriebenes Gesetz, dass am 24. Dezember vom Christbaum nichts gegessen werden durfte, und am nächsten Tag lediglich „Uneingewickeltes", also Windringerln oder Patiencen, und diese nur von hinten.

Auf diese Weise behielt der Baum einige Tage seine prächtige Vorderansicht bei, und er trug auch am 6. Jänner noch genug „Eingewickeltes", um die Heiligen Drei Könige reichlich beschenken zu können. Bald allerdings wurden zusehends die Kinderarme zu kurz für Schneemänner und Englein in den wipfelnahen Regionen, die nicht einmal mit Hilfe eines Schürhakens oder einer kleinen Stehleiter heruntergeholt werden konnten. Sie überlebten oft bis zur Monatsmitte, dann erst wurde der Baum, wenn er zu stark nadelte, von meinen Eltern gänzlich abgeräumt und durch das Fenster im ersten Stock in den Garten geworfen – ein Anblick, der uns Kindern immer weh tat. Der Baum blieb dort noch einige Tage stehen und wurde, mit Futterringen und Meisenknödeln behängt, von hungrigen Vogerln gerne angeflogen – damals war es im Winter noch kalt und zu Weihnachten lag Schnee.

Wenn ich meinem sechsjährigen Sohn aus meiner Kindheit erzähle, hört er immer sehr aufmerksam zu. Vor allem die Frage beschäftigt ihn, wie der Christbaum, der zwar nur 240 Zentimeter hoch ist, aber dennoch – wie einst bei mir daheim – bis zur Decke reicht, in unser Haus kommt: „Papa, wer tät' den Christbaum bringen, wenn nicht die Engel wären und das Christkind? Der Gott?" Nachdem ich ihm versichert habe, dass ihn das Christkind bringt, ist er zufrieden: „Gott sei Dank, weil sonst müsst' der Gott zu viel machen."

„LEBENSLÄNGLICH" FÜR W.

Dass mein ältester Sohn für Turbulenzen im Leben seiner Eltern sorgen würde, wurde mir erstmals bewusst, als er acht Monate alt war. Damals wählte er als Liegeposition in seinem Kinderbuggy die eines Skeleton-Fahrers im Eiskanal: bäuchlings mit dem Kopf voraus. Nun will ich gar nicht verschweigen, dass mir die ganze Sache anfangs ein wenig unangenehm war.

Immer wieder machten mich wohlmeinende Mitmenschen darauf aufmerksam, dass der arme Kleine ja verkehrt herum in seinem Wagerl liege. „Gehn S', legn S' ihn doch normal hin, so steigt ihm ja das Blut in den Kopf." Leute, die mich auf meinen Spaziergängen zum wiederholten Mal sahen, sagten nichts mehr. Sie schüttelten nur stumm den Kopf oder tuschelten auffällig miteinander. Hin und wieder tippte sich auch einer an die Stirn.

Aber die Zeit arbeitete für mich. Heute ist Dominik 1,83 Meter groß und kann nicht mehr bäuchlings und mit dem Kopf voraus die Welt betrachten. Bewahrt hat er sich dennoch eine – sagen wir – ungewöhnliche Sicht der Dinge.

So stört ihn beispielsweise der unaufhaltsame Vormarsch des Weihnachtsmannes, da er ein leidenschaftlicher Anhänger des Christkindes ist. Ich teile mit ihm seine Abneigung, allerdings geht mir sein Aktionismus wider den Santa Claus doch ein wenig zu weit. Als er nämlich vor kurzem auf dem Balkon meines jüngsten Bruders, der Vater von vier Kindern ist, einen beleuchtbaren Weihnachtsmann entdeckte, sah er – in doppelter Bedeutung des Wortes – Rot. Für ihn stand augenblicklich fest, dass dieses Schandmal zu entfernen sei. Er brach also zu-

sammen mit seinem Firmpaten spätabends zu seinem paramilitärischen Streifzug auf. Die Familie meines Bruders schlief bereits – da holte er den Weihnachtsmann vom Balkon, fesselte ihn mit einer dicken Wäscheleine und brachte an seiner Mütze einen Zettel mit folgender Warnung an: „Lebenslängliche Haft!!! Das Christkind." Daraufhin stellte er ihn in einem dichten Busch ab.

Anderntags entdeckten meine Nichten und Neffen schnell, dass der Weihnachtsmann auf rätselhafte Weise verschwunden war. Die Bestürzung war groß. Sofort machte man sich auf die Suche – und da, mein Neffe Paul (6) schrie auf vor Freude, schimmerte etwas Rotes aus dichtem Gezweig. Schnell war der bedauernswerte Himmelsbote von seiner Fesselung befreit. Nun stellte sich die Frage, wo er vor einem neuerlichen Zugriff meines Sohnes sicher sei.

Von der ursprünglichen Idee, den Weihnachtsmann – wie eine Fahne – aus der obersten Dachluke zu hängen, ist man wieder abgekommen. Auch der Plan, Santa Claus auf einer Eisplanke im Swimmingpool auszusetzen, wurde schnell verworfen. Derzeit blickt er wieder trotzig vom Balkon: Da stehe ich – und niemand kann mich von hier wegholen.

Die Tatsache, dass Dominik schon im engsten Verwandtenkreis gescheitert ist, bedeutet zweifellos einen kleinen Rückschlag. Aber das ist längst kein Grund für eine Kapitulation. Ganz im Gegenteil. Dominik plant, gemeinsam mit seinem Firmpaten, für die Steiermark einen Verein „Pro Christkind" zu gründen, wie es ihn in Schwaz (Tirol) gibt. Er hat sich bereits Unterlagen besorgt, aus denen u. a. hervorgeht, dass der Verein „auf keinen Fall gegen andere Traditionen in anderen Ländern ankämpfen will. In unserem Kulturkreis jedoch sollte das Christkind immer einen besonderen Platz haben." Nun finde ich sein Ansinnen ehrenvoll, wenn auch riskant: Was ist, wenn er mit seinem Wunsch, den Vormarsch des Weihnachtsmannes zu stoppen, allein bleibt?

Deshalb meine Bitte: Falls Sie auch der Meinung sind, dass am 24. Dezember das Christkind kommt und nicht der Weihnachtsmann, schreiben Sie meinem Sohn bitte oder rufen Sie an. Ein Wort genügt: „Christkind!"

HEILIGER WEIHNACHTSFRIEDE

Als ich nicht mehr ans Christkind glaubte und einmal ein wenig enttäuscht war, weil mein unbescheidener Wunsch nicht in Erfüllung gegangen war (ich hatte ganz besonders teure Schier haben wollen), gab mir mein – im Übrigen sehr großzügiger und gütiger – Vater kommentarlos einen Brief zu lesen. Er hatte ihn von einem pensionierten Schneidermeister (Jahrgang 1907) zugeschickt bekommen. Ich habe ihn bis heute aufbewahrt und ihn immer wieder im Advent für mich gelesen. Ich möchte Ihnen eine Passage daraus zitieren, weil er, wie ich meine, sehr schön ausdrückt, was Weihnachten auch heute noch bedeuten sollte: „Am Heiligen Abend 1921 (ich war damals 14 Jahre alt) wollten mich die Meisterleute nicht nach Hause gehen lassen,

weil es im Haushalt noch viel Arbeit zu erledigen gab. Ich hatte noch den Boden zu reiben, das Saufutter zu richten und im Hof den Schnee wegzuschaufeln. Um etwa sechs Uhr abends sagte die Meisterin, jetzt könnte ich gehen. Wie ich nach Leibnitz kommen sollte, fragte sie nicht. Ich zog mich rasch um, und im Laufschritt ging es zur Bahnstation Ehrenhausen. Als ich dort angekommen war, lag alles im Dunkel. Der Zug war schon lange weg! So stand ich auf dem Bahnhof, dem Weinen sehr nahe. Was blieb mir übrig, als zu Fuß über Vogau nach Leibnitz zu marschieren. Diesen Weg war ich noch nie gegangen, doch die Richtung wusste ich. Stockfinstere Nacht, keine Straßenbeleuchtung und der Himmel verhangen. So stapfte ich im fußtiefen Neuschnee dahin und kam nach Obervogau. Die Fenster der Häuser waren hell erleuchtet. In den warmen Stuben saßen die Menschen um die strahlenden Christbäume und waren glücklich. Und ich ging weiter, mit nassen Füßen, müde und hungrig. Und wenn der Weg auch noch weit war – was tat es! Ich wollte heim. Zu beiden Seiten der Straße nichts als verschneite Felder. Ich hatte Angst, allein in stockfinsterer Nacht. Nur die Freude, nach Hause zu kommen zu meiner Familie, besonders zu meiner Mutter, gab mir Kraft.

Um halb zehn Uhr nachts kam ich vollkommen durchnässt zu Hause an. Die Bescherung war längst vorbei. Alle, Vater, Mutter, Tante und meine fünf Geschwister, saßen in der warmen Wohnung und hatten den Weihnachtsfrieden in sich. Und da schneite ich ganz erschöpft herein, und sie nahmen mich alle auf in Weihnachtsfreude, und ich war der Glücklichste von allen, weil ich daheim war."

KUSCHELTIERE IM SCHNEE

Kennen Sie das Gefühl? Sie stehen mit einem Dutzend Kindern, kleineren und größeren, sieben riesigen Schachteln mit Proviant, einer nicht zählbaren Menge von Schiern, Schibobs, Rodeln, Snowboards und weiteren nicht eindeutig zu benennenden Wintersportgeräten neben einem Berg aus Koffern, Taschen, Rucksäcken, Schlafsäcken und Schischuhen auf einem menschenleeren Parkplatz – und die Dämmerung fällt ein. Sie müssen zu einer Schihütte, deren Namen Sie kennen, nicht jedoch deren Lage. Ja, genau so ging es mir am ersten Tag des neuen Jahres.

Gott sei Dank hatte ich eine Liste von Einheimischen mit, die uns mit einem Ratrack zu unserer Hütte bringen konnten. Erstmals erwies sich mein Handy als segensreiche Anschaffung. Die Verbindung war einwandfrei, die knappen Antworten allerdings ernüchternd: „Heit foar i nimma!" – „Na, des tua i mia scho seit letztn Joa nimma an!" – „I kann unmegli, i muass fia 50 Leit kochn – wie stölln Sie sich des vua?"

Ehrlich gesagt hatte ich nur die Vorstellung, dass wir eines qualvollen Erfrierungstodes sterben würden, wenn nicht bald jemand kommen sollte. Plötzlich blitzten in der nächtlichen Stille Lichter auf. Nie noch, glaube ich, wurde die Ankunft eines Ratracks so gefeiert wie von unserer kleinen Reisegruppe. Der Pilot des Raupenungetüms, ein kräftiger, vierschrötiger Mann, ließ sich von unserer Jubelstimmung jedoch keineswegs anstecken. Unvermittelt verwickelte er mich in ein Fachgespräch über Ketten und Kabel, über Anschaffungs- und Erhaltungskosten. Kurzum: Er wolle 109 Euro (1500 Schilling) im Voraus, und im Übrigen sei es das letzte Mal, dass er fahre:

„Das Ganze is a Wahnsinn!" (Darin waren wir uns erstmals einig.) Dann sagte er noch, dass er, wenn wir nicht in zehn Minuten mit dem Beladen fertig seien, nicht mehr starten würde – und verschwand. Rasend reichten mir meine Kinder Schachteln, Schuhe, Schlafsäcke und Schlitten hinauf. Gerade war das letzte Kuscheltier, das Lieblingsbärli meiner kleinsten Tochter, zwischen zwei Suppentöpfen verstaut, da klemmte sich der Unwirsche hinter das Lenkrad und warf den Motor an. Auf dem Beifahrersitz saßen die vier Jüngsten mehr aufeinander gestapelt als nebeneinander geschlichtet. Meine Schwägerin und meine Frau standen in der Position von Schifliegern knapp vor dem Absprung, wobei die Gemahlin meines Bruders den Medikamentenkoffer an sich presste, Astrid zwei Töpfe mit vorgekochtem Sugo umklammerte.

Mein Bruder und ich wurden wegen Platzmangels auf dem Parkplatz zurückgelassen.

Die Kinder, die wegen der ungewohnten Kälte und Aufregung weinten, beruhigten sich bald und folgten interessiert den Tobsuchtsanfällen des Chauffeurs. Immer wieder knurrte er, das Cockpit sei nicht für so viele Menschen zugelassen. Den schüchternen Einwand meiner Frau, die Kleinsten könne man eben nicht allein lassen, wischte er mit der barschen Frage vom Tisch, warum dann „der große Bua da" auch hier stehe. Durch die Erklärung, der „große Bua" sei die Mutter zweier der Kleinen, keineswegs irritiert, teilte er mit, falls die Elektrik beschädigt würde, werde der Schaden von 2180 Euro (30.000 Schilling) zur Gänze zu Lasten unserer Familie gehen. Der Transport sei „a Wahnsinn", es sei am besten, wenn wenigstens die Erwachsenen aussteigen und den höchstens noch eineinhalbstündigen Aufstieg zu Fuß in Angriff nehmen.

Meine tapfere Frau, durch den Umgang mit Kindern vom Trotz-
alter bis zur Pubertät nervlich in Topform, täuschte Zerknir-
schung vor. Sie wies auf unsere verzweifelte Lage hin, aus der
uns eben nur die Samaritertat eines Ratrackbesitzers retten
könne.

Der Schachzug zeigte umgehend Erfolg: Der Grobian begann
zu wimmern und forderte, auch für ihn müsse man doch „a
bissl a Vaständnis" haben.

Als er schließlich stehen blieb, war es stockfinster. Mit einer
weit ausholenden Handbewegung wies der Unwirsche vage in
eine Richtung, in die sich die beiden Mütter mit den nun wieder heftig plärrenden Kindern aufmachten. Er selbst half beim
Ausräumen, wobei er leichtere Gepäckstücke, wie etwa Schlaf-

säcke und Kuscheltiere, in hohem Bogen in den Tiefschnee schleuderte. Sperrigere Fracht beförderte er mit älplerisch-beherztem Tritt aus seinem Gefährt.

Die Tage auf der Schihütte waren dann idyllisch: kein Fernseher, kein Radio, kein Computer – das Leben kann wunderbar ruhig sein. Auch der Rücktransport verlief klaglos. Ein wortkarger, drahtiger Bergfex namens Charly schlichtete unsere Gepäckstücke in den Ratrack. Zum Abschied meinte er lakonisch: „Früher san d'Leit mit an Rucksack kemman!" Richtig! Und es gab noch keine Ratracks – und der „Charly" hieß „Koarl".

BLITZLICHTER DES LEBENS

Ein Jahr ist – wieder einmal – viel zu schnell vergangen. Je älter ich werde, desto häufiger stelle ich mir die Frage: Wo ist nur die Zeit geblieben? Vielleicht zerrinnt sie deshalb so schnell, weil ich schöne Augenblicke, unvergessliche Blitzlichter meines Lebens, zu wenig bewusst erlebt habe. Carpe diem – nütze den Tag: Wie viele Stunden habe ich wohl sinnlos vertan – mit der Lektüre von Zeitungen, mit Fernsehen oder überflüssigen Diskussionen?
Während ich diese Zeilen schreibe, ist Mitternacht lange vorbei und in unserem Haus alles still. Wie in einem Film lasse ich in Gedanken im Zeitraffer das Jahr ablaufen. Immer wieder entstehen Bilder mit meinen Kindern. Etwa wie meine kleinste Tochter Sophie mitten in der Nacht aus ihrer Wiege zu mir ins

Bett klettert und mich zärtlich weckt: „Papa, ich wollt dir nur ein Bussi geben!" Oder Klemens auf dem 10-Meter-Turm. Sein kurzer, banger Blick zu mir herunter, ehe er sich mutig abstößt. Oder Benedikt, wie er in Italien stolz und glücklich seinen ersten Fisch an Land zieht und mir triumphierend zuruft: „Jetzt sagst nix mehr, Papa!"

Mein schlechtes Gewissen, dass ich auch in diesem Jahr zu wenig Zeit mit meinen Kindern verbracht habe, weckt ein anderes Bild. Nachdem ich endlich mit Jakob auf den Spielplatz gegangen bin, umarmt er mich und sagt: „Ich bin sicher, dass es keinen lieberen Vater gibt als dich."

Nur wenige Tage zurück liegt ein weiteres Blitzlicht: Heiliger Abend, wir alle stehen vor dem Christbaum und singen „Stille Nacht". Dann ein kurzer Moment der Besinnung, der von meiner Tochter Anna trocken beendet wird: „Papa, müssen wir noch staunen oder dürfen wir schon die Geschenke auswickeln?"

Ein letztes Bild, das ich skizzieren möchte, ist vor genau einem Jahr entstanden. Unseren Garten hatten wir in eine kleine Wunderwelt verwandelt. Feuerräder drehten sich, Riesenhummeln zogen ihre Leuchtspur durch die Luft, Sprühfontänen tauchten den Kirschbaum in gleißendes Licht. Und 19 Raketen warteten auf ihren Abschuss, alle mit einem besonderen Frachtgut bestückt: Ich sehe meinem Sohn Nikolaus zu, wie er 19 winzig kleine Tabletten, die nach der Beendigung seiner Chemotherapie übrig geblieben waren, befestigt.

Mit dem Aufsteigen der Feuerwerkskörper begann nicht nur für ihn, sondern für unsere ganze Familie ein neuer Lebensabschnitt: Nikolaus galt nämlich, nachdem seit dem Ausbruch seiner Leukämie fünf Jahre vergangen waren, wiederum als vollkommen geheilt.

Nicht nur
zu Weihnachten

NEIN, NICHT DIESEN KASTEN!

Es war ungefähr vor einem Jahr, ich saß im Garten, der Kirschbaum blühte, die Kinder spielten fröhlich miteinander. Ich
blickte auf unser kleines Häuschen und war zufrieden: Der
Heizöltank fast voll, der kaputte Geschirrspüler durch einen
neuen ersetzt, und auch die Waschmaschine funktionierte einwandfrei (allerdings musste man mit der flachen Hand kräftig
auf die linke Seitenwand schlagen, dann erst begann der
Schleudervorgang). So sieht das kleine Glück aus, dachte ich
mir, so sollte es immer bleiben.

Da kam meine Frau in den Garten. Ihr Gang war bestimmt wie
immer, ihr Blick freundlich, aber entschlossen. Kein Zweifel,
sie wollte zu mir.

„Weißt du, was ich mir gedacht habe?" Immer, wenn Astrid
mich in diesem unschuldigen Tonfall fragt, schwant mir Un-
heimliches. „Nein, was denn?" Ich antwortete betont gelangweilt und spürte, wie meine Gliedmaßen plötzlich ganz
schwer wurden. „Wir könnten den Kleiderkasten für die Kleinen …" Augenblicklich war mein Körper von Schweiß bedeckt.
„Ja, den schweren, den du im vorigen Jahr mit meinem Vater
aus dem Keller ins Parterre getragen hast … Vielleicht könntest
du ihn doch wieder hinunterstellen. Im Kinderzimmer nimmt
er einfach zu viel Platz weg."

Mein Mund wurde trocken, mein Atem kurz. Mit diesem
Kleiderkasten, müssen Sie wissen, verbindet mich eine un-
trennbare Hassliebe. Sechs Mal stemmte ich ihn schon zusammen mit meinem geduldigen Schwiegervater hoch, um ihn
dann an einem anderen Ort abzustellen: Einmal stand er im
Schlafzimmer, dann im Vorhaus, dann wieder im Schlafzim-

mer, dann im Keller und zuletzt im Kinderzimmer. Warum nur, grüble ich, warum nur will Astrid, immer wenn es Frühling wird, etwas verändern? Und warum muss es immer dieser verdammt schwere Schrank sein? Ich hätte zum Beispiel gar nichts dagegen, den kleinen Teppich vom Dachboden ins Esszimmer zu tragen, wo er schon einmal lag. Oder den Schreibtisch, der sich so gut anpacken lässt, vom Bubenzimmer zurück in unser Schlafzimmer.

Vor wenigen Tagen saß ich wieder auf unserer Gartenbank und gab mich der unerfüllbaren Hoffnung hin, alles möge so bleiben, wie es ist. Da sah ich im milden Sonnenglanz meine liebe Frau auf mich zukommen. „Nein", schreie ich, vor Schrecken bleich, „nicht wieder diesen Kasten. Nie wieder verrücke ich ihn. Nicht um einen Zentimeter."

Astrid blickt mich verwundert an: „Was hast du denn? Ich wollte dir doch nur sagen, dass ich ihn blau gestrichen habe."

DER KAMPF MIT DEM HANDY

Kürzlich las ich, dass in Europa Österreich ganz vorne liegt, was den Gebrauch des Handys betrifft. Nur in Luxemburg ist die Pro-Kopf-Quote noch höher. Nichts gegen den tüchtigen Benelux-Staat, aber mit ein bisschen gutem Willen müsste der erste Platz zu schaffen sein. Unsere Familie tut viel dafür, aber nicht alles. Immerhin gibt es in unserem 11-Personen-Haushalt vier, die kein Handy besitzen. Sieben besitzen eines, was jedoch nicht heißt, dass sie es auch benützen.

Mein ältester Sohn etwa ist „handy-untauglich". Vielleicht gibt es Menschen, die so etwas wie elektromagnetische Schwingungen aussenden. Ich weiß es nicht. Tatsache ist, dass Dominik ein herkömmliches Handy nur durch „Anschauen" außer Betrieb setzen kann. Und wenn einmal ein hochwertiges Gerät seinem Blick und seinem intuitiven Hantieren standhält, ist er

dennoch nicht erreichbar: dann liegt es nämlich unaufgeladen und unauffindbar in seinem Zimmer.

Seit Weihnachten besitze auch ich ein Handy: Es ist ziemlich klein – was unter meinen Knaben große Bewunderung hervorrief –, sodass es in der Brusttasche meiner Hemden Platz hat. Wenn ich morgens mit dem Rad zur Arbeit fahre, ruht es auf meiner Brust. Nie noch habe ich es wirklich gebraucht. Aber es ist ein gutes Gefühl, wenn ich es über meinem Herzen spüre.

Manchmal klingelt es. Rätselhafterweise klingelt es immer dann, wenn ich unterwegs bin: Links neben mir ein Schwertransporter, rechts ein Cabrio, aus dem dumpfe Bässe dröhnen. Hektisch beginne ich mit einer Hand nach meinem winzigen Handy zu graben. Ich weiß, dass ich schnell sein muss. Denn nach fünf Signaltönen ist es wieder still in meinem Hemd.

Endlich kriege ich es zu fassen, aber nun klemmt der kleine Zapfen, der wohl als Antenne dient. Ein kurzer, lautloser Kampf, ein klarer Sieger: Ich halte das Gerät in meiner linken Hand – allerdings gibt es keinen Ton mehr von sich. Da ich leider noch immer nicht gelernt habe, die Mobilbox abzuhören, stecke ich es in mein Hemd zurück.

Manchmal bin ich schnell genug. Dann kommt es zu folgendem Monolog: Ja, bitte? Wer spricht … Ach so, du bist es … Du bist irgendwie ganz weit weg. Sag mir's, wenn ich zu Hause bin … Ich brauch noch zehn Minuten … Wenn ich nicht telefonieren muss, schaff ich's in fünf … Nicht bös sein, aber ich schalt jetzt ab … Es hat keinen Sinn … Ich versteh dich einfach nicht. Unlängst fragte ich Astrid, warum sie mit mir so gern ausgerechnet per Handy ausführliche Gespräche führt: „Da sind wir ungestört, weil keine Kinder dabei sind." Eine überraschende, aber einleuchtende Antwort.

WER HAT DAS TELEFON?

Es gab einmal eine Zeit, da hatten wir drei Kinder und ein Telefon. Es war nicht sonderlich schön, es war weiß, und eine Wählscheibe hatte es auch. Also, weil heute viele Leute nicht mehr wissen, was eine Wählscheibe ist: Das war so eine Art Rad aus Plastik mit zehn kreisrunden, gleich großen Löchern. In jedem Loch war eine Zahl. Wenn man zum Beispiel die Nummer 5 wählte, musste man einen Finger in das Loch mit dem Fünfer stecken und die Scheibe dann nach rechts bis zum Anschlag drehen. Es dauerte dann ein bisschen, bis sie sich wieder automatisch in die ursprüngliche Position zurückdrehte. Aber zurück zu unserem weißen Apparat. Der Hörer lag auf dem Gerät und war mit diesem durch ein spiralförmig gerolltes Kabel verbunden. Das hatte den Vorteil, dass ich, wenn ich telefonieren wollte, immer wusste, wo der Hörer war.

Seitdem wir ein schnurloses Telefon haben, weiß ich es nicht mehr. Vielleicht hängt es auch damit zusammen, dass ich zur Zeit neun Kinder habe. Zugegeben, ich brauche das „Mobilphone" am wenigsten in unserer Familie. Ich werde auch, im Vergleich zu meinen Söhnen, nur selten angerufen. Vielleicht ist es also nicht wirklich nötig, dass ich weiß, wo es im Moment gerade ist, aber manchmal möchte sogar ich telefonieren.

Ich gehe also zu unserer Kommode, auf der unsere Fernmeldestation montiert ist. Ich wette mit mir, dass der Hörer nicht auf dem Ladegerät ist, und gewinne. (Inzwischen liege ich uneinholbar 34 : 3 in Führung!) Ich drücke einen kleinen grauen Knopf, der nun im verschollenen Hörer einen Signalton auslöst. Horche. Lausche. Nichts.

Also suche ich Plätze im Haus auf, wo meine Kinder gerne tele-

fonieren. Beginne auf dem Dachboden, streife um Fernseher und Computer, finde unter der Sitzbank die Fernbedienung für das Videogerät, zwei Bananenschalen und einen Turnschuh. Gehe die Stiegen hinunter in die Küche, horche in Richtung Eiskasten. Nichts. Gehe noch einen Stock tiefer ins Parterre. Hebe Bettdecken und Pölster hoch, klappe den Deckel der großen Spielzeugkiste auf. Nichts. Gehe in den Keller, wühle in einem Wust von Sporttaschen. Nichts. Horche. Lausche.
Plötzlich ein Signalton, ganz schwach zwar, aber immerhin. Ich nähere mich der Tiefkühltruhe. Das Geräusch wird lauter, klingt aber immer noch irgendwie gedämpft. Ich umkreise das Elektrogerät. Lege mein rechtes Ohr an die mächtige Tür. Kein Zweifel: Die Signaltöne kommen von innen! Ich reiße die Tür auf. Da liegt das Telefon zwischen Eislutschern und Erbsen. Es funktioniert einwandfrei, wenn es sich auch am Ohr ein wenig kalt anfühlt …

Noëlle im rosa Negligé

Eines Tages fragte mich Astrid, die immer für eine Überraschung gut ist, so nebenbei: „Was hältst du davon, wenn wir es einmal mit einem Ungarn versuchen?" – „Mit einem Ungarn?!" Ich hatte keine Ahnung, warum ein Ungar bei uns einziehen sollte. „Er könnte im Gartenhaus im Zimmer neben der Antonia wohnen." Irgendwie war ich, ehrlich gesagt, doch ein wenig neugierig: Wofür brauchen wir einen Ungarn in unserem Gartenhaus?

„Weißt du, ich hab' mir gedacht, für die Kleinen wäre es vielleicht einmal ganz gut, wenn ein Mann auf sie aufpasst." Jetzt war auch für mich, der manchmal ein bisschen auf der Leitung steht, alles klar. „Also ein ungarischer Au-pair-Mann?" – „Wenn du so willst", kicherte Astrid fröhlich. „Kann er auch kochen?" Ich fragte eigentlich nur, um ein gewisses Interesse zu bekunden. „Der kann alles!"

Eine Woche später kam László. Ein junger Mann Mitte Zwanzig. Er war uns allen auf Anhieb sehr sympathisch, nahm gleich die Kleinen auf den Arm und kickte mit den Großen.

Täglich verfasste Astrid, bevor sie zur Arbeit ging, kleine Listen: Hemden bügeln und Kinderzimmer saugen. Oder: Geschirrspüler ausräumen und Herd putzen. Und so weiter.

Aber wenn sie aus der Schule heimkam, waren die Hemden nicht gebügelt und der Herd nicht geputzt und kein warmes Essen auf dem Tisch.

Kaum war Astrid da, war László weg. Am liebsten unternahm er mit meinem Rad kleine Ausflüge an den Stadtrand. Da er größer war als ich, musste er den Sattel ein bisschen höher stellen und auch den Lenker. (Fortan konnte ich mich mit meinem Rad nur noch im Stehen fortbewegen.) László gefiel es bei uns, auch wenn er immer öfter über Kreuzschmerzen klagte. Irgendwie kam er mit dem Bett nicht zurecht. Also kaufte ich ein neues – und er dankte es uns auf seine Weise: Er blieb morgens deutlich länger liegen.

Als László wieder einmal mit meinem Rad eine kleine Spritztour unternahm, fragte ich meine tapfere Frau flüsternd: „Was arbeitet er eigentlich im Haus?" Sie sagte nichts, aber ihr Blick sprach Bände.

Drei Tage später zog László aus dem Gartenhaus aus. Dabei fluchte er ziemlich laut – Gott sei Dank auf Ungarisch.

Ich bin froh, dass er wieder in Budapest ist. Es klingt vielleicht ein wenig kleinlich, aber es ist nun einmal so: Ich radle lieber im Sitzen als im Stehen.

Unsere Erfahrungen mit László sind bescheiden im Vergleich

zu dem, was mein Freund Peter erlebt hat. Eines Tages kam Noëlle zu ihm, ein charmantes Mädchen aus Südfrankreich. Sie stammte aus einem kommunistischen Elternhaus – vielleicht war das der Grund dafür, dass ihre soziale Ader besonders stark ausgeprägt war. So spielte sie gerne in der S-Bahn auf ihrer Gitarre, um den Junkies ein bisschen eine Freude zu machen. Das gelang ihr gut, denn viele kamen noch in die Wohnung meines Freundes mit, wo lustige Drogenpartys oft bis in den frühen Morgen andauerten.

Noëlle hatte noch eine andere Eigenart, die Peter anfangs ein wenig verwirrte. Sie trug bis zum Mittagessen ein durchsichtiges rosa Negligé – sonst nichts. Aber mit der Zeit gewöhnte er sich daran und fand es nicht mehr besonders aufregend, sondern eigentlich ganz normal.

Nicht vergessen hat er auch eine Bergwanderung. Noëlle, offensichtlich im Flachen aufgewachsen, überknöchelte sich schlimm, sodass sie zwei Kilometer weit ins Tal getragen werden musste. Im Spital wurde ihr ein giftgrüner Gips verpasst – und Peter spürt seither seine Bandscheiben.

Als Noëlle wieder heimfuhr, waren die Kinder traurig. Nichts war mehr mit dem Spaghetti-Essen auf dem weißen Teppich.

Carmen aus Gran Canaria, die nach ihr kam, blieb nur kurze Zeit, in der sie vorwiegend weinte oder strickte oder beides zugleich tat. Mit Juanita aus Brasilien kam wieder Leben in die Bude. In kniehohen Stiefeln und mit superknappem Minirock stand sie vor meinem Freund. „Ich suche einen Mann", hauchte sie und sah ihm dabei tief in die Augen. Drei Monate später hatte sie einen gefunden, worüber Peter nachhaltig erleichtert war. Auch seine Frau war nicht unglücklich – und verzichtete fortan auf weitere Au-pair-Mädchen.

NICHT NUR ZU WEIHNACHTEN

Meine tapfere Frau hat jahrelang unser Haus nur verlassen, um Biskotten, Biomüllsäcke oder Bananen einzukaufen. Es war die Zeit, als unsere Kinder noch klein waren und es keine größeren zur Aufsicht gab. Dennoch war sie damals nicht willens, den Kontakt zur Außenwelt so ohne weiteres aufzugeben. Sie begann vielmehr einen regen Briefverkehr mit in- und ausländischen Versandhäusern zu pflegen, deren bunte, aber auch zum Teil schwere Kataloge das Leben unseres Briefträgers nicht gerade erleichterten. Seit dieser Zeit hält vor unserem Haus in regelmäßigen Abständen ein Wagen von der Post, dessen Fahrer ich schon wie einen guten Bekannten begrüße. Er macht immer dasselbe: Er stellt ein Paket ab. Manchmal ist es groß, manchmal klein – für mich aber immer geheimnisvoll. (Oft geht das Paket schon wenige Stunden später wieder unfrei an den Absender zurück.)

An dieser Stelle wäre vielleicht anzumerken, dass meine Frau nicht nur einen Blick für das Wesentliche (Windeln, Wettex, Wattestäbchen) hat, sondern auch für ausgefallenere, exotische Dinge. So nagelte sie vor kurzem etwa einen lustigen Fisch an die Wand in unserem Badezimmer. Dreht man an seinem Auge, speit er Musik aus.

Zur Weihnachtszeit überraschte sie unsere Kinder mit einem kleinen Christbaum, der seither an der Wohnzimmertür hängt. Wenn man genau hinsieht, ist er eigentlich eine Uhr, die besonders effektvoll jede volle Stunde anzeigt: Wird es neun, ist die Melodie von „O Tannenbaum" zu hören, um zehn „O du fröhliche", um elf „Stille Nacht" usw. Zu den Klängen der zwölf populärsten Weihnachtslieder blinken rote und grüne Kerzen auf dem Baum, den Wohndesigner wohl gnadenlos als gewaltigen Kitsch bezeichnen würden.

Meine zwei Kleinsten sind jedenfalls begeistert von der originellen Baumuhr: Sobald Glockentöne zu hören sind, stürzen sie zu ihr hin und drehen sich wild im Kreis. Bricht die Musik ab, gehen sie zufrieden wieder ins Kinderzimmer. Während meine älteren Söhne eher teilnahmslos die stündliche Erinnerung an das Weihnachtsfest registrieren, finde auch ich durchaus Gefallen am vertrauten Glockenspiel (nur in der Nacht stört es mich manchmal ein wenig).

Wann die Christbaumuhr abgehängt wird, lässt sich nicht mit Sicherheit voraussagen. Das Osterfest würde sich als günstige Gelegenheit anbieten. Meiner Frau ist es nämlich durchaus zuzutrauen, dass sie einen Osterhasen findet, der stündlich einen Hit aus den aktuellen Charts anstimmt. Dann hätten sogar meine großen Kinder etwas davon.

Gut, dass es euch gibt

An meinen Maturanten

Lieber Dominik! Während deiner schriftlichen Matura hatte ich nur in einem Punkt Angst: Hoffentlich gibst du alle Zettel deiner Klausurarbeiten ab, dachte ich. Meine Sorge erwies sich Gott sei Dank als unbegründet. Du hast die Reifeprüfung absolviert und noch dazu ganz souverän.
Ich erinnere mich noch gut an deine Anfänge in der Volksschulzeit. Du warst ein Individualist ganz besonderer Art, der lange erfolgreich dem System Schule trotzte. Zwei Jahre hindurch hast du zum Beispiel nie gewusst, welche Aufgaben du hattest. Mamas täglicher Telefonanruf bei der Mutter eines Schulfreundes war längst zur Routine geworden. Unvergesslich auch dein Anblick, wie du einmal mit deinem linken Fuß die Schultasche gepackt hast: Du hast deine Unterrichtsbehelfe regelrecht hineingetreten, nicht zornig, sondern langsam und bedächtig. Was hast du während deiner zwölfjährigen Schulzeit

WAS JETZT REIF IST:

MARILLE   MEISE   MATURANT

nicht alles vergessen, verloren, verlegt! Mit deinen verschwundenen Rucksäcken, Turnbeuteln, Zirkeln, Taschenrechnern und Aufgabenheften ließe sich ein gut sortiertes Schulwarengeschäft einrichten.

Irgendwann bist du dann ohne mütterliche Betreuung ausgekommen: Du bist selbstständig geworden – eine Entwicklung, die für mich immer noch ein bisschen rätselhaft ist.

Lieber Dominik, zurzeit verspürst du das wunderbare Gefühl von Freiheit. Aber nach dem Sommer kommt wieder ein Herbst – und dann wirst du etwas Neues erfahren: Dass du aus dem Geführtwerden in ein Niemandsland getreten bist, das auch dunkel sein kann und einsam, auch wenn man Eltern, Geschwister und Freunde hat.

Du hast noch keine konkreten Vorstellungen von deinem zukünftigen Leben. (Dein ursprünglicher Wunsch, als Fußballprofi bei DSV Leoben auf der Ersatzbank zu sitzen, hat sich, nehme ich an, überholt …) Ich kann und will dir keine Ratschläge geben. Denn es ist unmöglich zu sagen, was das Leben ist. Es kann sich in einer Frau verkörpern, in einem Kind, in einem Werk, in Gott, in einer Idee. Man kann sein Leben hassen oder lieben. Nur eines wissen wir: Es ist nicht gesetzlos, nicht sinnlos.

Am Ende will ich dir, der du dich am Beginn eines neuen Jahrtausends auf den Weg machst, noch etwas sagen – und ich hoffe, du siehst mir mein Pathos nach.

Es ist nicht nötig, dass es noch mehr Geld auf der Welt gibt, noch mehr Flugzeuge, noch mehr Autos. Aber es ist nötig, dass es weniger Unrecht gibt, weniger Gewalt, weniger Tränen. In diesem Sinn: Herzlichen Glückwunsch zur bestandenen Matura.

Dein stolzer Papa

ZUFÄLLE DES LEBENS

Es ist eine Flüchtlingsgeschichte, wie es viele gibt. Er ist 15 Jahre alt, als sein Vater umgebracht wird, auch die Mutter ist tot, seine beiden Brüder untergetaucht. Er kommt ins Gefängnis, Folter, Verhöre. Er kann fliehen und wird von einem Bekannten in ein Flugzeug gesetzt, das in Wien landet.

Von dort geht es nach Graz. Als er vor rund eineinhalb Jahren im Franziskusheim der Caritas ein neues Zuhause findet, ist er einer von mehr als 40 um Asyl ansuchenden Jugendlichen aus der ganzen Welt. Zusammen mit einem jungen Mongolen bewohnt er ein winziges Zimmer.

Er kann nicht Mongolisch, der Mongole nicht Französisch.

Im vergangenen Sommer lernt er beim GAK meinen ältesten Sohn kennen – sie spielen zusammen in einer Mannschaft. Dominik bringt Donatien eines Sonntags mit nach Hause. Es gibt wie immer Wienerschnitzel, die dem jungen Schwarzafrikaner sehr gut schmecken. Er kommt an den beiden folgenden Sonntagen wieder und fühlt sich sichtlich wohl: Nach dem Essen hält er ein kleines Mittagsschläfchen.

Wir sind uns schnell einig: Doni soll bei uns wohnen. Der Auszug aus dem Heim erfolgt unbürokratisch. Seine beiden Koffer sind schnell gepackt.

Ein Jahr ist es nun schon her, dass Doni bei uns eingezogen ist. Er ist ein ganz besonders einfühlsamer Mensch. Zärtlich mit den Kleinen, kumpelhaft mit den Großen, rücksichtsvoll und hilfsbereit meiner Frau und mir gegenüber.

Ich weiß nicht, wie er es macht: Sobald er im Raum ist, wird unser Leben um einen Takt ruhiger. Er lebt uns das Sprichwort vor: Die Europäer haben die Uhr, die Afrikaner die Zeit.

In unserem Bekannten-, aber auch Verwandtenkreis haben wir nicht nur Zustimmung erfahren. „Ihr habt ohnehin schon so viel Arbeit – müsst ihr euch das wirklich antun?" hören wir des Öfteren. Und dann antworte ich immer: „Stell dir vor, Dominik, der nur wenige Monate älter ist, müsste von zu Hause fliehen und käme nach Douala. Und eine zehnköpfige schwarze Familie würde ihn aufnehmen …" Und ich denke mir, dass es eigentlich ganz selbstverständlich ist, dass wir am Mittagstisch ein wenig enger zusammenrücken – und ich drei Schnitzel mehr herausbacke.

Als Doni am 24. Dezember unter dem Christbaum stand, weinte er, umarmte meine Frau und sagte: „Je vis un rêve … (Ich lebe einen Traum)." Und auf Deutsch: „Ich bin sehr glücklich."

Verehrte Leserinnen und Leser, verzeihen Sie mir das Pathos, aber es hat sich genau so zugetragen. Offen gesagt: Niemals habe ich damit gerechnet, dass wir einmal ein Pflegekind aus Kamerun haben würden. Aber die Zufälle des Lebens sind eben unergründlich.

GEDANKEN ÜBER DIE ZEIT

Der neue Abreißkalender hängt – gewissermaßen mit stolzge-
schwellter Brust – an der Wand. Bei oberflächlichem Hin-
schauen würde man nicht erkennen, dass schon ein paar Tage
fehlen – dass der eigene, unauswechselbare Lebenskalender
um einige Blätter dünner geworden ist, die Lebenszeit um ein
paar Tage kürzer.

„Papa, was heißt eigentlich Lebenszeit?" fragt mich Jakob.
„Stell dir ein Haus vor mit vielen Stockwerken und hundert
Zimmern. Jedes Jahr machst du eine neue Tür auf und gehst in
ein anderes Zimmer." – „Und wenn ich im hundertsten bin, ist
meine Lebenszeit aus, bin ich tot", unterbricht mich Jakob.
„Aber es kann auch sein, dass du nur bis ins 36. Zimmer
kommst. Wenn du schwer krank wirst oder einen Unfall hast",
mischt sich Anna ein.

Ich erkläre den beiden, dass man immer nur in das nächst höhere Zimmer gehen kann. Man kann keines auslassen – und man kann vor allem nie mehr in ein Zimmer wieder zurückgehen. Fällt einmal die Tür zu, geht sie nie, nie wieder auf.

„Das ist schade, weil ich würd' gerne noch einmal in meinem ersten sein. Dann wär ich wieder ein Baby, und der Klemens könnt' mich nicht ärgern", meint Anna. „Wo ist es am schönsten?" frage ich. „Im zwanzigsten", antwortet Jakob wie aus der Pistole geschossen, „da kann man alles machen. Zum Beispiel Auto fahren, da komm ich dann mit den Füßen runter." – „Und wie stellst du dir das 70. Zimmer vor?" – „Dort ist es viel ruhiger, weil die Kinder schon weggezogen sind."

Anna ist mit meinem zugegebenermaßen einfachen Bild, die Lebenszeit darzustellen, noch nicht ganz zufrieden: „Aber was ist eigentlich Zeit?" Ich versuche es mit einem anderen Vergleich: „Kannst du dich noch erinnern, wie wir im Sommer am Strand gesessen sind und ein Schiff beobachtet haben? Es war ganz weit draußen, dort, wo Luft und Wasser ineinander übergehen. Es schien zu schweben und sich gar nicht zu bewegen. Aber es fuhr – nur konnten wir seine Bewegung nicht verfolgen. Als wir dann – nachdem wir vom Eisstand zurückgekommen waren – wieder hinschauten, war es verschwunden – und eine Stunde vergangen."

Anna waren meine Ausführungen wohl zu langatmig – sie sprang auf und lief zu ihren Geschwistern. Ich bin allein – da fällt mein Blick auf eine Weihnachtskarte mit einem Sinnspruch von Meister Ekkehard, der heute noch genauso gültig ist wie vor mehr als 700 Jahren: „Die wichtigste Stunde ist immer die Gegenwart, der bedeutendste Mensch immer der, der dir gerade gegenübersteht, das Notwendigste ist immer die Liebe."

GROSSPAPA IST IM HIMMEL

Wie jedes Jahr um Allerheiligen begleiten mich Anna und Jakob auf den Friedhof. Wenige Meter vor dem Grab meines Vaters winkt meine kleine Tochter zum Himmel hinauf. „Warum winkst du?" frage ich. „Damit mich dein Vater sieht", antwortet sie. Nun schaut auch Jakob lange nach oben, dann schüttelt er ernst den Kopf: „Ich kann ihn nicht sehen." Geduldig erklärt Anna ihrem kleinen Bruder, dass sie ihn auch nicht sieht: „Aber er sieht uns." Ganz zufrieden scheint Jakob mit dieser Antwort nicht zu sein, denn er fragt weiter: „Wo im Himmel ist eigentlich Papas Vater?" Anna überlegt eine ganze Weile, ehe sie erwidert: „Ich müsste eine Riesenhand haben, dann könnte ich ihn dir zeigen."

Einen Höhepunkt des Friedhofbesuches stellt immer wieder das Anzünden der Kerzen dar. Jakob holt aus seiner Hosentasche ein Grablicht und setzt es behutsam in den Kies. Sobald der Docht brennt, meint er zu mir: „Ich weiß schon, dass es gut ist, dass deine Mutter noch lebt. Aber irgendwie ist es auch schade, weil sonst könnte ich zwei Kerzen anzünden."

Er hat insofern Glück, als der Wind die kleine Flamme wieder löscht und er wieder zündeln kann, bis er nach vielen Versuchen ein Streichholz zum Brennen bringt. Plötzlich sagt er: „Papa, ich möchte vor dir sterben, damit ich deinen Tod nicht erleben muss." Die ruhige und selbstverständliche Art, in der er diesen Satz spricht, macht mich sehr nachdenklich. Es gibt wohl für Eltern nichts Bedrückenderes als den Gedanken, am Grab ihres Kindes stehen zu müssen. Aber das kann Jakob wirklich noch nicht verstehen.

Ich versichere ihm also, dass ich wohl noch lange leben werde.

Da mischt sich Anna in unser Gespräch ein: „Am schönsten wär's, wenn unsere ganze Familie an einem Tag sterben würde. Dann müsste niemand traurig sein, weil er allein herunten bleibt."

Auf einmal ist es ganz still. Wir stehen eine Weile da und schauen auf die vielen Lichter vor uns. Dann beginnt Jakob in seinem Anorak zu kramen. Er zieht Pokémon-Karten heraus und legt sie vor sich auf den Boden. Anna ist mit dem Verhalten ihres Bruders gar nicht einverstanden: „Du darfst doch auf dem Friedhof nicht Pokémon spielen", tadelt sie ihn, „du sollst beten." Jakob ist jedoch auch nach mehrmaliger Aufforderung nicht dazu bereit. Schließlich resigniert sie: „Der Jakob ist schön unhöflich, weil er nicht betet. Ich bete jedenfalls, dass es meinem Großpapa im Himmel gut geht."

EINE GLÜCKLICHE KINDHEIT

Dass ich eine glückliche Kindheit hatte, wurde mir erst bewusst, als ich kein Kind mehr war. Während meines Studiums lernte ich etliche Kollegen kennen, die unter ihren Eltern gelitten hatten. Vor allem unter dem Vater. Wenn ich an meine Kindheit denke, spüre ich heute noch das wunderbare Gefühl, dass jemand da war, dem ich bedingungslos vertrauen konnte. Vater und Mutter – das war Schutz, Geborgensein, Sicherheit. Das Leben war ganz einfach: Die Eltern liebten mich – und ich liebte sie.

Ich lebte im Bewusstsein, dass mir nichts zustoßen könnte. Immer war eine hilfreiche Hand da, ein tröstendes Wort, wenn ich es brauchte.

Die Erinnerung an meinen Vater ist geprägt durch den unerschütterlichen Glauben, er könne mir immer helfen. Einmal, es war in der ersten Klasse Mittelschule, war ich mit meinem Rad (verbotenerweise) durch den Park gefahren. Ein Pensionist hielt mich an und verpasste mir eine (leichte) Ohrfeige. Nachdem ich zu Hause davon erzählt hatte, begleitete mich anderntags mein Vater. Er legitimierte sich, stellte den Mann zur Rede und erwirkte, dass er sich bei mir entschuldigte. Ich weiß noch gut, wie stolz ich auf meinen Vater war: Er hatte mich verteidigt und nicht zugelassen, dass mir eine Kränkung widerfuhr.

Mein Vater war nicht einer, der viel mit uns Kindern spielte: ein paarmal Tarock, einmal Fußball. Unvergesslich sein Auftritt: Das Haar schlohweiß, kam er in kurzer Hose und in Bergschuhen auf die Fußballwiese und erzielte mit dem Außenrist zwei wunderschöne Tore.

Ich kann mich nicht erinnern, dass er uns Kindern lange Moralpredigten gehalten hätte. Auf ihn traf zu, was C. G. Jung einmal schrieb: „Kinder werden durch das erzogen, was der Erwachsene ist, und nicht durch das, was er schwatzt."

Lange Jahre ging ich durchs Leben, ohne die Gefahren und Schrecknisse dieser Welt zu kennen. Denn die Zeit in meinem Elternhaus war so leicht und schön und unbeschwert, dass ich keine Gedanken daran verschwendete, es könne anders sein. Die Sorgen hatten kein Gewicht – stets gab es jemanden, der einem die Last abnahm. Und die Angst vor dem Versagen war nie so gering wie damals, als ich klein war.

Eine glückliche Kindheit ist mehr als ein paar unbeschwerte Jahre. Sie ist eine magische Hülle: Ist man einmal von ihr umschlossen, bietet sie Schutz ein Leben lang.

ES WAR DER WASSERMANN

Wenn ich an die Ferien meiner Kindheit denke, kommen sie mir endlos vor: Fußball spielen, Rad fahren, schwimmen, barfuß auf Bäume klettern. Oder in der Wiese liegen und in den Himmel schauen, wie die Wolken ziehen, und niemals daran denken, dass es einmal anders sein könnte – ach, war das schön! Die Schule war weit weg, und mit ihr die Mühsal des täglichen frühen Aufstehens und der lästigen Hausaufgaben.

Jedes Jahr, als ich noch klein war, fuhren meine Eltern und wir fünf Kinder nach Krumpendorf am Wörthersee. Wir hatten ein kleines Seehaus gemietet, das nur aus einem Zimmer und einer winzigen Küche bestand. Das „Hexenhaus" hatte eine Veranda, von der aus man einen wunderbaren Blick über den See hatte, zu dem es nur wenige Schritte waren. Halb im Wasser, halb auf der kleinen Wiese stand eine Trauerweide, deren un-

terste Äste sanft das Schilf streichelten. Etwas weiter weg vom Ufer blühten Seerosen, die im Takt der leichten Wellen schaukelten. Es war ein Stück Paradies.

Das schmale Grundstück hatte einen eigenen Steg. Heute noch habe ich den Duft der Holzplanken in der Nase, der entstand, wenn wir uns nass darauf legten und von Wind und Sonne trocknen ließen. Auch im See waren Holzbretter, die ins tiefere Wasser führten. Oft versuchten mein Bruder Bernhard und ich, eine ganze Steglänge zu tauchen, indem wir uns mit den Händen von Brett zu Brett vorwärts zogen.

Wieder einmal machten wir einen Versuch – da stockte uns der Atem: Ein riesiges Wesen glitt langsam von Planke zu Planke, zwei volle Längen. Dann kam der Unbekannte kurz an die Wasseroberfläche, eine mächtige, dunkle Gestalt – und verschwand.

Nie wieder sahen wir ihn, und so war ich lange Zeit davon überzeugt, es müsse der Wassermann gewesen sein.

Als ich das erste Mal nicht mehr mit meinen Eltern gemeinsam an den Wörthersee fuhr, war ich 18 und spürte, dass etwas unwiederbringlich vorüber war.

Jahrzehnte später, als Erwachsener, bin ich unlängst von der Autobahn abgebogen, hinunter zum See. Die Zufahrtsstraße war breit und das kleine Waldstück, zu dem wir Kinder oft „Leuchtkäfer schauen" gegangen waren, gerodet. Und aus unserem kleinen Hexenhaus war eine zweigeschossige Villa geworden.

Nie wieder, dachte ich mir, will ich zum schönsten Platz meiner Kindheit zurückkehren. Und tröstete mich damit, dass ich ja die Erinnerung daran noch habe. Und die kann mir niemand nehmen.

GUT, DASS ES EUCH GIBT

Lieber Dominik, Donatien, Benedikt, Nikolaus, Klemens, Jakob, liebe Antonia, Anna und Sophie! Am heutigen Vatertag will ich einmal die Rollen tauschen: Statt Dank zu bekommen, will ich euch danken. Denn im Zusammenleben mit euch kann ich im Alltäglichen wieder das Wunderbare erfahren: Wenn du, Sophie, stehen bleibst, weil du einen seltsamen Käfer gesehen hast; oder wenn du, Anna, herausfinden willst, woher das unbekannte Geräusch kommt; oder wenn du, Klemens, gebannt dem lautlosen Flug eines Vogels folgst.

Auf meinem Schreibtisch liegt ein Dutzend Steine, die du, Dominik, auf unseren Ausflügen gesammelt hast. Es ist Jahre her, ich sehe dich noch vor mir, wie du mit vollen Händen und Hosentaschen zurückgekehrt bist und sie stolz und glücklich vor mir aufgelegt hast. Heute sammelst du keine Steine mehr –

doch für uns beide sind sie Bruchstücke gemeinsamer Erinnerung.

Ein chinesisches Sprichwort sagt: „Die Arbeit läuft dir nicht davon, wenn du deinem Kind einen Regenbogen zeigst. Aber der Regenbogen wartet nicht, bis du mit der Arbeit fertig bist."

Welchen Ruhepol in der täglichen Hektik stellt ein Spaziergang mit dir, Jakob, dar, wenn du Arbeitern auf einer Baustelle zuschaust oder an meiner Hand über eine schmale Mauer balancierst, bis du es allein schaffst. Ein solcher Nachmittag ist kostengünstiger als jeder Selbstfindungs- oder Visionssuchekurs – und vermutlich um vieles befriedigender.

Dankbar bin ich auch dafür, dass mir durch euch bewusst geworden ist, was ich alles nicht brauche. Ich muss zum Beispiel nicht mehr mit dem Golfen beginnen oder ins Fitnessstudio gehen: Ihr haltet mich auch so ausreichend auf Trab.

Mit 50, so wird behauptet, schlittern viele Männer in die so genannte Midlife-Crisis. Ich wurde – wie ihr ja wisst – vor kurzem 52, aber es geht mir prächtig. Dank euch habe ich gar keine Zeit dazu, über eine Lebenskrise nachzudenken. Denn der Alltag mit euch ist abwechslungsreich und spannend und dicht und auch anstrengend. Jeden Abend bin ich froh, wenn ihr alle – endlich! – gesund in euren Betten liegt. Dann denke ich mir: Der Tag hat sich gelohnt.

Laut Statistik haben Ehepartner einander immer weniger zu sagen und reden pro Tag im Schnitt nur noch sieben Minuten miteinander. Eure Mutter und ich haben keine Angst, irgendwann einmal zu verstummen: Denn für uns gibt es ein unerschöpfliches Thema – euch, unsere Kinder! Ich bin glücklich, dass wir euch haben.

Euer Papa

Nachwort

Bei Durchsicht dieses Buches ist mir aufgefallen, dass manche meiner Kinder oft vorkommen, andere weniger oft. Eines kommt nahezu nie vor: Antonia, meine 14jährige Tochter. Nun habe ich mich gefragt, warum das so ist, und schnell eine Antwort gefunden: Geschichten sind nur lustig, wo etwas schief geht oder doch beinahe schief gegangen ist. Wo Dinge passieren, mit denen nicht zu rechnen war. Wenn ich – um ein Beispiel zu nennen – meinen ältesten Sohn bitte, ein Päckchen Reißnägel zu kaufen, kann daraus eine unglaubliche Geschichte werden: Wie er zuerst im Lebensmittelgeschäft danach sucht, dort erfährt, dass er zu einem Baumarkt müsse, diesen nicht findet und so lange sucht, bis ihm das Benzin ausgeht usw. usw. Wenn ich Tony um etwas bitte, weiß ich immer, dass es klappt. Und deshalb kommt sie in meinen kleinen Texten so selten vor. Ein bisschen geht es ihr wie den braven und guten SchülerInnen in der Schule: Zu oft werden sie übersehen, weil viele Lehrer sich vor allem mit den Lauten und Lästigen auseinandersetzen müssen. Aber das ist ein eigenes Kapitel.

Antonia ist ein wunderbares Mädchen: ordentlich, verlässlich, pflichtbewusst, fröhlich und unkompliziert. Fürsorglich zu den kleinen Geschwistern, abgeklärt gegenüber den großen Brüdern. Wenn meine Frau und ich am Abend weggehen, können wir immer ruhig sein: Antonia ist ja zu Hause.

Von meiner Schwester Maria weiß ich, dass sie es als Last empfunden hat, die Älteste zu sein. Sie hat viele Jahre die Bürde der Verantwortung als nicht leicht empfunden. Tony ist in der Geschwisterreihe die Vierte, in der Betreuung ihrer kleineren Brüder und Schwestern aber die Erste. Nie noch hat sie darüber geklagt, und so hoffe ich, dass sie später einmal nicht ähnlich empfinden wird wie meine ältere Schwester.

Auf meinem Nachtkästchen steckt ein Gutschein, den ich zum Vatertag bekommen habe. Es ist ein Gutschein für „eine Woche auf die Kleinen aufpassen" und enthält u.a. folgende Punkte: Frühstück, Mittag- und Abendessen richten, Spielmädchen für die Kleinen sein, Zähne putzen, Frisur machen, vorlesen, Gartenspiele etc. Und am Schluss hat sie geschrieben: Mein persönlicher Tipp: Für einen Urlaub nur mit Mama einlösen! Es stehen dir, lieber Papa, unbeschwerte Stunden bevor!

Wir haben diesen Gutschein eingelöst und sieben herrliche Tage auf der Insel Karpathos verbracht. Zu zweit. Aber in Gedanken waren wir freilich immer bei den Kindern. Vor allem bei Antonia.

Oft habe ich mir gedacht, wenn ich faul im heißen Sand gelegen bin: Ich wünsche ihr, dass sie auch einmal eine so wunderbare Tochter hat, wie sie eine ist. Und mir wünsche ich eine solche Enkelin. Eine kleine Tony.

Familie Hofmann-Wellenhof

Hockend von links: Nikolaus (16), Klemens (11), Jakob (6); dahinter Anna (9).
Stehend von links: Donatien (18), Benedikt (17), Astrid (46), Sophie (4),
Gottfried (52), Dominik (19), Antonia (14).